DE LA NÉCESSITÉ DE MAINTENIR

L'AMORTISSEMENT.

PARIS, IMPRIMERIE DE DECOURCHANT,
Rue d'Erfurth, nº 1, près de l'Abbaye.

DE LA NÉCESSITÉ

DE MAINTENIR

L'AMORTISSEMENT,

ET

DES MOTIFS QUI PEUVENT SEULS EN JUSTIFIER LA RÉDUCTION.

PAR J.-B. JUVIGNY,

AUTEUR DE DIVERS OUVRAGES SUR LES FINANCES ET LE COMMERCE.

PARIS,

A LA LIBRAIRIE DU COMMERCE,

CHEZ RENARD, RUE SAINTE-ANNE, N° 71;

ET CHEZ DELAUNAY, AU PALAIS-ROYAL.

15 DÉCEMBRE 1832.

AVERTISSEMENT.

CET opuscule n'est qu'un fragment d'un grand ouvrage sur les finances, actuellement sous presse, et qui doit paraître vers le milieu du mois de mars prochain, sous le titre suivant : *Exposé des principes élémentaires et raisonnés sur le meilleur système d'emprunts publics, et sur le meilleur mode d'amortissement; précédé de notions générales et spéciales sur la dette publique.*

Ce fragment forme le sixième chapitre de la deuxième partie de cet ouvrage. Comme j'y traite une question fort importante, dont les Chambres vont avoir à s'occuper incessamment, celle de savoir s'il convient de disposer de tout ou partie des rentes rachetées, j'ai fait tirer séparément un certain nombre d'exemplaires de ce chapitre, et *sans y rien changer que le titre.* C'est pourquoi ce chapitre commence par le numéro 240, au lieu du numéro 1; et, par conséquent, le lecteur devra regarder comme non avenus les numéros au-dessous de 240, qu'il trouvera entre deux parenthèses, attendu qu'ils indiquent des propositions établies dans la partie précédente de l'ouvrage.

L'ignorance, l'erreur et l'esprit de parti réunis, font depuis long-temps une guerre systématique et à toute outrance à l'amortissement: les uns le trouvent exagéré, et veulent en conséquence qu'on le réduise; les autres vont bien plus loin encore, et en demandent la suppression complète, sous le prétexte qu'*il n'est qu'une jonglerie, qu'une déception, un vieux préjugé à demi abandonné déjà par l'Angleterre, et auquel elle serait sur le point de renoncer tout-à-fait.*

Et d'abord, pour comparer deux choses, il faut qu'il y ait similitude entre elles. Or, qu'y a-t il de commun, je le

demande, entre l'Angleterre écrasée d'impôts, qui n'a que
des richesses de convention, ployant sous le poids d'une
dette de 20 milliards, et la France qui possède, au contraire, des richesses territoriales immenses, et dont la dette,
déduction faite des rentes rachetées, ne monte guère qu'à
4 milliards? Si donc l'Angleterre a suspendu le service de son amortissement, depuis trois ans, c'est qu'il y
avait force majeure chez elle; et si elle vient à y renoncer
un peu plus tard, comme cela paraît très-probable, ce sera
encore là une conséquence forcée de sa situation financière.

D'un autre côté, l'exemple de ce qui se passe dans ce
pays, quelque avancé qu'il soit dans la carrière des sciences
économiques, ne peut être invoqué que comme un préjugé
favorable à la thèse que l'on soutient ici, et non tenir lieu
des preuves qui doivent seules servir à en établir l'exactitude. Ce n'est, au contraire, que par les règles de la logi-
que, ou au moyen de démonstrations spéciales, qu'on peut
prouver une proposition en général; et appliquée aux
finances, où les paroles n'ont d'autorité que par les chiffres, cette observation acquiert bien plus de force encore.
Aussi est-ce par des chiffres, toujours déduits de faits accomplis, que j'ai démontré l'efficacité de l'amortissement,
et le danger d'y porter atteinte, et que j'ai fait justice de ces
vaines déclamations, à l'aide desquelles il est si facile d'en
imposer aux personnes hors d'état d'approfondir la matière: et malheureusement c'est le plus grand nombre (*)!

(*) J'ai prouvé, page 23, et le *Moniteur* à la main, que, depuis 1816
jusqu'à la fin de 1831, la caisse d'amortissement avait remboursé
1,452,754,264 fr., avec 708,224,010 fr., et que, par le seul fait de ce remboursement, elle avait diminué le capital de la dette publique de la différence 744,530,254 fr. existant entre ces deux premières sommes.

« Mais, diront peut-être mes adversaires, ces 744,530,254 fr. dont la
» caisse d'amortissement a réellement diminué le capital de la dette pu-
» blique, ne sont que le produit des intérêts composés de sa dotation,
» profit que les contribuables auraient pu faire par eux-mêmes, si vous

Non que j'érige en principe absolu l'inviolabilité de l'a-
mortissement, parce que la première de toutes les lois, la
nécessité, peut, dans des temps de crise, obliger à faire
usage de cette ressource. Mais lorsque, en pareil cas, on
réduit l'amortissement ou même qu'on le supprime, ce n'est
pas qu'on le trouve trop fort, ni qu'on en conteste l'utilité,
mais par raison d'Etat seulement. La conduite du gouvernement, quand il est réduit à cette fâcheuse extrémité, est
l'image de celle de ce capitaine de navire qui, battu par la
tempête, jette une partie de la cargaison à la mer, pour
échapper à l'imminence du naufrage.

Au résumé, les adversaires de l'amortissement sont de
deux sortes : les uns sont des hommes de bonne foi, mais
qui sont trompés ou par de faux calculs, ou par des déclamations sophistiques, de sorte que l'idée du prétendu
vice de l'amortissement a dégénéré chez eux en idée fixe ;
les autres sont, au contraire, des écrivains de parti, dont
l'unique but est d'agiter les passions au profit de leurs
spéculations politiques.

» aviez laissé ladite dotation entre leurs mains. Par conséquent votre opé-
» ration est tout au moins inutile. »

Si, maintenant, je n'ai pas été au devant d'une objection plus subtile
que raisonnable, et que j'avais réfutée, il y a huit ans (en 1824), dans
mon *Projet éventuel de réduction de la rente*, c'est parce que j'ai pensé que
les progrès que, depuis cette époque, nous devons avoir faits dans cette
matière, rendraient aujourd'hui cette objection impossible.

Il est visible, en effet, que le raisonnement ci-dessus ne serait admis-
sible que d'autant qu'on considérerait la question actuelle comme un problème de pure spéculation, et qu'il tombe de lui-même du moment où
l'on en fait une application spéciale à la pratique. Car, pour que les contribuables pussent faire par eux-mêmes le profit réalisé par l'amortissement, il faudrait qu'ils eussent partout une caisse d'accumulation à leur
disposition ; que chacun, de son côté, y fît fructifier annuellement, et par
parcelles, la quote-part d'impositions qu'exige de lui le gouvernement,
pour subvenir au service de la dotation ; c'est-à-dire que l'un plaçât
10 sous à intérêts composés, l'autre 15 sous, celui-ci 20, et ainsi de suite.
Or, une pareille supposition n'est évidemment qu'une véritable chimère,
propre à trouver crédit seulement auprès d'esprits obtus ou amis du pa-
radoxe.

.Quant aux premiers, on pourrait, je crois, leur donner le conseil suivant : *Avant de raisonner sur l'amortissement, étudiez-le; avant de l'étudier, apprenez les mathématiques; et quand vous saurez l'un et l'autre, étudiez la partie pratique des finances, comme le complément indispensable de ces doubles connaissances.* Alors, nouveaux adeptes, vous tiendrez un langage qui sera, à coup sûr, la réfutation la plus complète de vos anciens discours.

Quant aux adversaires de l'amortissement dont les attaques ne sont calculées que sur l'intérêt d'une ambition personnelle, comme la vérité finit toujours par prévaloir sur l'erreur, on peut leur prédire que le temps n'est pas bien éloigné où ils prêcheront dans le désert, et où, par conséquent, ils ne feront plus de dupes.

Le meilleur moyen de hâter cette époque, actuellement que la classe des sciences morales et politiques vient d'être rétablie, serait, à mon avis, que le gouvernement la chargeât de réunir en corps de doctrine les principes qu'elle croirait les plus propres à servir de base à un bon système d'amortissement, et au mode d'emprunts le moins désavantageux, et qu'il publiât ensuite, dans le *Moniteur*, un extrait de ce premier travail. Sans doute, il ne serait point parfait; mais avec le secours d'une critique éclairée, on parviendrait bientôt à avoir un ouvrage classique propre à servir de guide à l'administration, dans tout ce qui a trait à la direction de la dette publique. Et ainsi tomberaient désormais, et une fois pour toutes, ces déclamations à perte de vue sur des questions financières que traitent tous les jours, dans les journaux, des écrivains très-peu versés en général sur la matière, et quelquefois même des docteurs à peine échappés des bancs de l'école.

Pour mettre le lecteur à portée de juger du plan et de l'exécution de l'ouvrage dont j'ai annoncé la prochaine publication un peu plus haut, j'en donne la table des matières à la suite du présent opuscule.

DE LA NÉCESSITÉ

DE MAINTENIR

L'AMORTISSEMENT (*).

240. Si le nombre des adversaires de l'amortissement augmente de plus en plus, il ne faut l'attribuer qu'à ce que l'erreur se propage beaucoup plus facilement que la vérité; et cela n'est pas étonnant lorsqu'on considère, d'une part, qu'il y a beaucoup plus d'esprits faux que d'esprits droits; et, de l'autre, que la plupart des hommes ne voient les choses que d'une manière superficielle, et admettent légèrement, et souvent même sans examen, les opinions les plus étranges. Cette observation acquiert bien plus de force encore lorsqu'elle s'applique à des idées nouvelles qui ont pour but apparent le soulagement des

(*) Cet opuscule n'est qu'un fragment d'un grand ouvrage sur les finances, actuellement sous presse, et qui doit paraître au milieu du mois de mars prochain, sous le titre suivant : *Exposé des principes élémentaires et raisonnés sur le meilleur système d'emprunts publics, et sur le meilleur mode d'amortissement; précédé de notions générales et spéciales sur la dette publique.*

classes souffrantes, et lorsque surtout il faudrait, pour pouvoir juger de leur exactitude, joindre à la connaissance des mathématiques, si peu répandues chez nous, des notions financières qui ne le sont guère davantage.

Comme il y aurait beaucoup trop à faire, s'il fallait passer en revue tous les argumens mis en avant par les adversaires de l'amortissement, nous nous attacherons aux principaux, qui se réduisent, je crois, aux cinq suivans, savoir :

1° Qu'au bout d'un temps moral, l'amortissement devient exagéré et hors de proportion avec le capital de la dette restant à éteindre, et qu'en conséquence il faut le réduire ;

2° Que l'exemple de l'Angleterre, qu'on prétend avoir renoncé à l'amortissement, doit être pris pour règle de conduite chez nous ;

3° Que l'amortissement n'*amortit* pas ; qu'il n'est qu'une *déception* ; qu'il ne sert qu'à alimenter l'agiotage, et qu'en conséquence il faut le supprimer une fois pour toutes ;

4° Que, dans tous les cas, il ne faut appliquer à l'amortissement que l'excédant des recettes sur les dépenses ;

5° Enfin, qu'il est d'une sage politique d'avoir une dette publique, et que, pour cette raison, il ne faut pas donner trop d'extension à l'amortissement.

Nous allons réfuter successivement ces différens argumens, en commençant par le premier.

PREMIER ARGUMENT.

Faut-il réduire l'amortissement, au bout d'un temps moral,
parce qu'il est devenu trop considérable ?

241. Lorsque l'Etat contracte un emprunt, il affecte à son amortissement une dotation proportionnelle à l'espace de temps dans lequel il veut se libérer. Il convient d'abord que ce terme soit en rapport avec la durée de la vie humaine. Le plus ordinairement, c'est une somme annuelle de 1 p. %du capital constitué que l'on consacre à l'amortissement, quotité qui, au taux de 5 p. % l'an, suffit, comme nous l'avons déjà vu (149), pour éteindre la dette en 36 ans, du moins à 30 jours près. C'est M. Pitt qui, en Angleterre, fixa le premier cette proportion de 1 p. % entre la dotation et le capital à amortir. Depuis lors on suit routinièrement cet exemple, sans égard à la différence des

temps, des lieux; des circonstances, etc. Cependant, comparé à la brièveté de la vie de l'homme, ce terme de 36 ans est d'autant plus long, que de nouveaux besoins viennent presque toujours déranger les premiers calculs. C'est la guerre qui, la plupart du temps, nécessite les dépenses extraordinaires; et une triste expérience prouve malheureusement que les plus longues paix se réduisent, en définitive, à d'assez courtes trèves, et que, depuis 1688 à 1815 (période de 127 ans), la France et l'Angleterre ont passé, chacune de son côté, la moitié de ce temps à guerroyer soit entre elles, soit avec d'autres puissances.

242. Mais, sans nous arrêter plus long-temps à ces considérations, poursuivons notre tâche, et supposons, pour plus de simplicité, qu'il *s'agit d'un emprunt de 5 millions de rentes 5 p. °/o, au capital nominal de 100 millions, et qu'on affecte à son extinction une dotation annuelle d'un million.*

Dans cette supposition, et en admettant qu'on rachète au pair, l'Etat sera libéré en 36 ans. Mais, pour se libérer en 36 ans, il faut considérer la totalité de la dette comme existante jusqu'au dernier jour qui doit compléter cette libération, et continuer par conséquent l'amortissement pendant ledit temps, sans aucune interruption et sans y apporter aucune espèce d'atteinte; sans quoi c'est défaire d'une main ce qu'on fait de l'autre, et prolonger l'existence de la dette au-delà du terme convenu.

Or, ne point porter d'atteinte d'aucune sorte à l'amortissement, c'est ne jamais réduire la dotation annuelle ni en suspendre le service; c'est ne jamais annuler ni en tout ni en partie les rentes acquises par l'Etat; ne jamais détourner les arrérages de ces rentes de leur destination naturelle; c'est, enfin, ne jamais interrompre en aucune manière la marche des intérêts composés.

Cependant un préjugé tout-à-fait général, un préjugé fortement enraciné, même chez plusieurs des hommes dont le nom fait autorité dans les finances, c'est qu'après un certain nombre d'années l'amortissement devient exagéré, *monstrueux* même, comme l'a répété si souvent le *Journal du Commerce*, et notamment dans son numéro du 22 janvier 1832 (*).

(*) A part les doctrines erronées sur la dette publique qu'a professées jusqu'à présent le *Journal du Commerce*, c'est d'ailleurs l'une de nos feuilles quotidiennes les mieux rédigées, et l'une de celles où l'on trouve les meilleurs articles, non-seulement sur les matières commerciales, mais sur notre

Ainsi, dans l'emprunt ci-dessus, par exemple, la caisse d'amortissement, selon que l'indique le tableau C, colonne à 5 p. %, aura acquis, au bout de 14 ans, un capital de 20,578 fr. 562, qui répond à 1,028,928 fr. de rente (54); eh bien! alors les notabilités financières des deux Chambres, M. le comte Roy en tête, et presque tous ceux qui écrivent sur la matière, vont répétant à l'envi:

« L'amortissement est de plus de 2 p. %; il est trop fort,
» et hors de proportion avec le capital de la dette restant à
» amortir; donc il faut le réduire. »

En conséquence, les uns demandent qu'on annulle tout ou partie des rentes rachetées, et les autres qu'on diminue la dotation annuelle, opérations qui ne diffèrent que dans la forme, et qui au fond aboutissent toutes les deux au même résultat, comme nous le prouverons tout-à-l'heure.

Et d'où vient ce langage si vide de sens, *que l'amortissement est trop fort?* il vient de ce qu'on perd de vue qu'il faut que la caisse d'amortissement non-seulement absorbe le capital entier de la dette, mais encore qu'elle l'absorbe dans un temps donné, qui est ici 36 ans, puisque c'est sur ce terme qu'a été calculée la quotité de la dotation primitive de 1 p. %.

Prétendre donc, à quelque somme qu'il s'élève, que l'amortissement est exagéré, c'est soutenir, sans s'en apercevoir, une véritable absurdité; c'est absolument comme si un voyageur, après avoir pris toutes ses mesures pour arriver au lieu de sa destination en 36 jours, par exemple, s'arrêtait en route au bout du quinzième ou vingtième jour, plus ou moins, ou bien retournait sur ses pas, sous le prétexte que sans cela il arriverait trop tôt. Voulez-vous arriver en 36 jours? dirai-je à notre voyageur; continuez votre marche, sans la ralentir le moins du monde. Voulez-vous vous libérer de votre dette en 36 ans? dirai-je au gouvernement; continuez d'amortir sans aucune interruption.

243. Remarquons, avant de passer outre, que, dire que l'amortissement est de plus de 2 p. %, après 14 ans, c'est confondre

---

politique intérieure et extérieure. Seulement, on pourrait peut-être lui reprocher de perdre un peu trop souvent de vue son objet principal, et de priver ainsi ses lecteurs du fruit de discussions spéciales qu'ils chercheraient vainement ailleurs.

deux choses bien distinctes, savoir : la dotation primitive, et les rentes rachetées par l'emploi de cette dotation, et prendre ainsi l'effet pour la cause; erreur capitale qui conduit aux plus fausses conséquences, et que le calcul seul peut révéler.

En effet, la dotation primitive est ici, et ne sera, pendant tout le temps de la durée de la dette, que d'un million, soit de 1 p. % du capital constitué. Seulement, cette dotation s'augmente continuellement, semestre par semestre, du montant des arrérages des rentes rachetées. Or, qu'y a-t-il de commun, je le demande, entre un revenu pur et simple d'un million par an, consistant dans cette dotation, et un autre revenu annuel de 1,028,928 fr. provenant des inscriptions de rentes 5 p. % acquises par la caisse d'amortissement, et montant en principal à 20,578,562 fr.? aucun assurément (*).

Ce n'est donc qu'en englobant la dotation avec les rentes rachetées, et en appliquant l'action de cette puissance d'amortissement, non pas au capital constitué, mais au capital restant à éteindre au bout de 14 ans, qu'on peut dire qu'à cette époque l'amortissement est de plus de 2 p. %, puisqu'il consiste alors en 1,028,928 fr., applicables au rachat des 79,421,438 fr. de capital non encore éteints. Mais si, sous le prétexte que le levier est devenu trop puissant, vous annulez les 1,028,928 fr. de rentes acquises par l'Etat durant ladite période de 14 ans, vous revenez au point dont vous êtes parti d'abord; si vous en annulez une portion seulement, vous retournez d'autant sur vos pas ; de sorte que, dans les deux cas, vous recommencez en tout ou en partie l'œuvre de l'amortissement, c'est-à-dire que votre opération offre l'image du travail de Pénélope.

C'est parce que la caisse d'amortissement possède déjà 1,028,928 fr. de rente, que vous la trouvez trop riche. Mais cette somme ne représente que 20,578,562 fr. de principal, la-

---

(*) M. le comte Mosbourg est tombé dans une erreur du même genre, lorsque, dans un rapprochement qu'il présentait à la Chambre des députés le 12 janvier 1830, pour prouver que notre fonds d'amortissement était exagéré, il a compté pour 800 millions de capital, la dotation annuelle de 40 millions. Il avait en cela le double tort de confondre un revenu temporaire pur et simple avec une rente perpétuelle, et de soutenir sur l'amortissement une opinion erronée qui doit d'autant plus surprendre de sa part, que c'est d'ailleurs un de nos financiers les plus habiles.

quelle ne forme guère que le 5ᵉ de la dette constituée (100 millions), soit 20 p. % du capital nominal de cette dette, tandis qu'il faut se libérer de 100 p. % de ce même capital.

On doit donc conclure de tout ce qui précède, que *l'amortissement n'est jamais trop fort, pas même le jour de la libération définitive, et qu'il n'est alors que ce qu'il doit être.*

244. Voici actuellement la preuve que toute annulation de rentes et toute réduction de la dotation sont onéreuses aux contribuables, et produisent par conséquent un effet tout contraire à celui que l'on en attend. Commençons par la première de ces deux hypothèses.

Si, dans l'emprunt ci-dessus de 5 millions de rentes 5 p. % au capital nominal de 100 millions, que l'on suppose doté de 1 p. %, et devoir être racheté au pair, on annulle périodiquement, tous les 14 ans, les rentes acquises par la caisse d'amortissement; comme cette caisse opère tous les ans avec la même dotation d'un million, et que par conséquent son action est toujours égale, elle rachetera 1,028,928 fr. de rente tous les 14 ans. Pour opérer la libération définitive, il lui faudra quatre périodes complètes, et une période complémentaire de 12 ans, 51, en tout 68 ans, 51, et la dépense finale sera de (*) 273,142,491 fr.

(*) Voici le tableau figuré de l'opération et de la dépense qu'elle entraîne.

	RENTES.	CAPITAL NOMINAL.	PÉRIODES.
	fr.	fr.	
Emprunt à amortir............	5,000,000	100,000,000	1re pé- ᵃⁿˢ·
A déduire, pour rachats effectués durant la 1re période de 14 ans....	1,028,928	20,578,562	riode de 14, »
Reste à racheter............	3,971,072	79,421,438	2e pé-
A déduire, pour rachats effectués durant la 2e période de 14 ans......	1,028,928	20,578,562	riode de 14, »
Reste à racheter............	2,942,144	58,842,876	3e pé-
A déduire pour rachats effectués durant la 3e période de 14 ans.....	1,028,928	20,578,562	riode de 14, »
Reste à racheter............	1,913,216	38,264,314	4e pé-
A déduire, pour rachats effectués durant la 4e période de 14 ans.....	1,028,928	20,578,562	riode de 14, »
Reste à racheter............	884,288	17,685,752	5e pé-
A déduire, pour rachats effectués durant la 5e période complémentaires de 12 ans, 51............	884,288	17.685,752	riode de 12,51
Durée de l'amortissement..			68,51

Report........ 273,142,491 fr.

D'un autre côté, en abandonnant l'amortissement à son cours naturel, l'emprunt,
comme nous l'avons déjà vu (149), serait éteint
en 35 ans, 89155, et il n'en aurait coûté en tout
que.................................... 215,349,300

Différence........ 57,793,191 fr.

En adoptant donc l'annulation des rentes ci-dessus, il y aurait
une prolongation, dans la durée de la dette, de 32 ans, 62 (différence entre 68 ans, 51 et 35 ans, 89155), et un surcroît de
dépense de 57,793,191 fr. à supporter par les contribuables, ce
qui fait tout près de 58 p. % du capital constitué.

Si, au lieu de cette annulation totale des rentes acquises par
la caisse d'amortissement, il ne s'agissait que d'annulations par-
tielles et moins souvent répétées, le surcroît de la dépense et
la prolongation de la dette seraient moins considérables, il est
vrai; mais l'un et l'autre seraient proportionnels à la combinaison quelconque que l'on aurait adoptée. Ainsi, le principe est
indestructible de sa nature, et a infailliblement pour résultat de

---

Détail de la dépense.

	fr.
Dépense pendant la 1re période de 14 ans, à raison de 6 millions par an..	84,000,000
Dépense pendant la 2e période de 14 ans, à raison de 4,971,072 fr. par an, dont 3,971,072 fr. pour le service des intérêts de 79,421,438 fr. restant à amortir, et 1 million pour celui de la dotation.............................	69,595,008
Dépense pendant la 3e période de 14 ans, à raison de 3,942,144 fr. par an, dont 2,942,144 fr. pour le service des intérêts de 58,842,876 fr. restant à amortir, et 1 million pour celui de la dotation.............................	55,190,016
Dépense pendant la 4e période de 14 ans, à raison de 2,913,216 fr. par an, dont 1,913,216 fr. pour le service des intérêts de 38,264,314 fr. restant à amortir, et 1 million pour celui de la dotation.............................	40,785,024
Dépense pendant la dernière période complémentaire de 12 ans, 51, à raison de 1,884,288 fr. par an, dont 884,288 fr. pour le service des intérêts de 17,685,752 fr. restant à amortir, et 1 million pour celui de la dotation...............	23,572,443
Total de la dépense au bout de 68 ans, 51.....	273,142,491

suspendre ou de ralentir l'action progressive de l'amortissement composé; et c'est ce qui fait précisément que l'avantage que procure au trésor la double diminution du service des intérêts et du capital à amortir, provenant de l'annulation des rentes, ne peut être compensé par la dépense qu'entraîne la prolongation de la durée de la dette, occasionée par cette même annulation.

245. Dans le discours qu'il a prononcé à la Chambre des députés, le 11 janvier 1830, lors de la discussion relative au projet de loi sur l'amortissement, M. Gauthier a proposé d'annuler périodiquement, tous les dix ans, les rentes acquises par l'Etat; ainsi, non-seulement il s'est rangé dans la classe des partisans de la réduction de l'amortissement, mais il a ajouté une contradiction de plus à celles qui existaient déjà dans son discours, et que nous avons relevées (237 à 238).

246. Il nous reste maintenant à examiner les conséquences de la réduction de la dotation annuelle; réduction qu'on a demandée à diverses reprises, quoiqu'elle soit tout-à-fait illégale, comme contraire à l'art. 115 du titre x de la loi de finances du 28 avril 1816.

Supposons donc que, dans l'emprunt déjà pris pour exemple de 5 millions de rente en 5 p. %, au capital nominal de 100 millions, on réduise de $\frac{1}{5}$ la dotation primitive fixée d'abord à 1 p. %, c'est-à-dire que d'un million on la réduise à 800,000 f.; et, pour plus de simplicité, supposons encore (ce qui au fond est fort indifférent) que cette réduction ait lieu dès le début.

En calculant cet amortissement d'après le principe indiqué (170), on trouvera, à l'aide du tableau *A*, qu'il faudra 39 ans, 74 pour éteindre l'emprunt des 5 millions de rente ci-dessus; et, comme il en coûte 5,800,000 fr. par an, dont 5 millions pour le service des intérêts, et 800,000 fr. pour celui de la dotation, la dépense totale sera par conséquent de 230,492,000 fr., produit de 5,800,000 fr. par 39,74, ci......... 230,492,000 fr.

Or, nous venons de voir un peu plus haut qu'en laissant intacte la dotation de 1 p. %, il n'en coûtait que........................ 215,349,300

Différence...... 15,142,700 fr.

La réduction de $\frac{1}{5}$ sur le fonds annuel d'amortissement occasione donc au trésor un surcroît de dépense de 15,142,700 fr., d'une part, ce qui fait plus de 15 p. % sur le capital constitué, et de l'autre, recule le terme de la libération de 3 ans, 85, diffé—rence entre 39 ans, 74 et 35 ans, 89.

Or, il est évident que si la réduction du fonds d'amortissement, dès le début, cause un dommage réel au trésor, cette réduction, à quelque époque qu'on l'effectue, occasionera toujours un dommage quelconque, moins considérable il est vrai, mais toujours proportionnel à l'époque à laquelle elle aurait lieu. Le principe est donc indestructible de sa nature, parce que cette réduction n'allége la dépense que d'une certaine portion du fonds d'amortissement, pendant la durée ordinaire de la dette, tandis qu'elle occasione, pendant le surplus du temps qu'elle y ajoute, un surcroît de dépense de la totalité de ce même fonds d'amortissement, et de la totalité du service des intérêts tout à la fois.

247. Il demeure donc bien prouvé, et par les calculs les plus positifs, que toute annulation de rente et toute réduction de la dotation aboutissent au même résultat : celui de reculer le terme de la libération, et d'augmenter la dépense finale proportionnellement à la combinaison quelconque adoptée dans chacune de ces deux hypothèses. Or, comme le trésor est un être abstrait, qui n'est alimenté que par le produit des impôts, il est donc bien constant que le dommage causé par les deux opérations ci-dessus retombe uniquement sur les contribuables, sacrifiés si souvent à l'inhabileté de nos économistes.

J'ajouterai que si, cédant à de misérables préjugés ou aux sollicitations de tant de financiers à fausses vues, on proportionne, d'intervalle en intervalle, l'amortissement à la partie de la dette restant à racheter, soit en réduisant la dotation, soit en annulant une certaine quantité de rentes rachetées, on éloigne indéfiniment l'époque de la libération ; parce que, dans ces deux hypothèses, l'action des rachats, au lieu d'être progressive, devient au contraire décroissante. Procéder de la sorte, c'est-à-dire par un système bâtard qui tient tout à la fois de l'amortissement simple et de l'amortissement composé, sans être ni l'un ni l'autre, c'est saper par sa base le principe de l'amortissement ; aussi peut-on dire qu'il *n'y a véritablement d'amortissement que quand son action embrasse, tout à la fois, les rentes rachetées et celles restant à racheter, et que la dotation reste intacte.*

Voilà une vérité incontestable qui est la pierre angulaire de tout le système d'amortissement. Dans ma brochure ayant pour titre : *Projet éventuel de réduction de la rente*, etc., que je publiai en 1824, et dont j'ai déjà parlé ailleurs, j'ai réfuté les fausses doctrines sur l'amortissement, dont ont retenti les deux Chambres, lors de la discussion du projet de loi *Villèle* sur la réduction de la rente; doctrines d'autant plus dangereuses qu'elles étaient soutenues par des orateurs d'un mérite d'ailleurs très-distingué, tels que MM. le comte Roy, duc de Lévis, etc. Et certes la preuve la plus certaine que mes observations critiques n'étaient dictées que par le seul amour du bien public, et non par un puéril amour-propre, c'est que mon ouvrage a paru dans le temps sous le voile de l'anonyme, et que je m'en déclare aujourd'hui l'auteur, pour la première fois, c'est-à-dire huit ans après sa publication.

DEUXIÈME ARGUMENT.

L'exemple de l'Angleterre, qu'on prétend avoir renoncé à l'amortissement, doit-il être pris pour règle de conduite chez nous ?

248. Pour raisonner sur un fait, il faut du moins qu'il soit constant; et précisément il n'est pas exact de dire que l'Angleterre a renoncé à l'amortissement, et encore moins qu'elle y aurait renoncé parce qu'elle aurait reconnu l'inefficacité d'un système qu'elle a pratiqué, avec une grande persévérance, pendant plus d'un siècle de suite (*). Avant d'aborder le fond de la question qui nous occupe, il est indispensable d'entrer dans quelques détails sur la situation de la dette anglaise, et sur la marche qu'a suivie l'amortissement, dans ce pays, depuis les dix dernières années qui viennent de s'écouler.

En 1822, leur fonds total d'amortissement, nonobstant la réduction qu'il avait déjà subie, s'élevait encore à plus de 400 millions de notre monnaie pour une dette *réelle*, qui, à cette époque, était d'environ 22 milliards. L'énormité d'une charge si fort au-dessus de leurs forces, obligea bientôt les Anglais à employer la plus grande partie des rentes rachetées à couvrir les dépenses de l'État, au lieu de les faire servir, comme l'exigeait leur création, à grossir le fonds d'amortissement. Pendant quelque temps, ils fixèrent à 125 millions, et un peu plus tard à 60 millions par an, la somme affectée au rachat des rentes; mais,

---

(*) L'amortissement a été institué en Angleterre en 1717, sous Georges Ier, pendant le ministère de *Walpole*.

la détresse du trésor et la misère du peuple allant toujours crois-
sant, ils prirent le parti, à compter du mois de juillet 1829, de
n'employer désormais à ce service que l'excédant de leurs revenus sur leurs dépenses. Dès ce moment, non-seulement ledit service fut exposé à être réduit à une somme éventuelle tout-à-fait
exiguë, et hors de toute proportion avec l'objet de sa destination,
mais encore à manquer totalement; et c'est la réalisation de cette
première circonstance qui motiva l'interpellation que lord Wellington adressa au ministère anglais, dans la séance de la Chambre des lords, du 17 octobre 1830.

Dans cette interpellation, lord Wellington se plaignait de ce
que, par suite de l'énorme réduction opérée sur les taxes indirectes, l'excédant des recettes sur les dépenses avait été tellement minime que, dans le courant de l'année précédente, on
n'avait pu employer qu'une très-faible somme au rachat des rentes. On connaît la réponse que lord Grey fit à cette attaque, et
dont les adversaires de l'amortissement ont fait si grand bruit :

« Je regarde comme inutile, dit-il, d'avoir un excédant de
» revenu destiné à réduire la masse *immense* de la dette publi-
» que : l'argent qu'on laisse dans la poche du cultivateur, du
» commerçant et du manufacturier, tend davantage à soulager le
» peuple et à augmenter la prospérité publique. »

C'est de cette réponse, qui rappelle le renard de la fable, qu'on
a conclu que l'*Angleterre avait renoncé à l'amortissement, comme
à un vieux préjugé dont elle avait reconnu le vice;* et c'est
précisément cette conclusion qui est fausse de tout point. Quoi!
faut-il donc tant de perspicacité pour sentir la véritable portée
de cette épithète, *immense,* appliquée à la dette publique, et que
j'ai soulignée à dessein un peu plus haut? Et oui, certes, voilà le
mot de l'énigme; c'est que réellement la dette anglaise est si
énorme aujourd'hui, que l'extinction en est devenue désormais impossible. Fallait-il donc que le chef du cabinet vînt proclamer
en plein parlement, et à la face de l'Europe, une vérité aussi dé-
courageante pour son pays? non sans doute; bien plus adroit,
lord Grey a dit que « il valait mieux laisser l'argent dans la poche
» des contribuables; » ce qui, dans cette occasion, peut se traduire
par ces mots : *Les raisins ne sont pas mûrs.*

En effet, la dette de la Grande-Bretagne est désormais perpétuelle dans toute l'acception de ce mot. La dépense seule de
l'amortissement s'élevait, en 1822, à 400 millions de francs par an,

et à près d'un milliard, en y comprenant les intérêts ; de sorte que ce double service y absorbait environ les deux tiers des revenus de l'Etat, qui, à cette époque, consistaient en près de 1500 millions de francs.

La dette fondée anglaise, ainsi que nous l'avons établi (138), s'élève encore aujourd'hui à 19,281,298,300 fr. en principal, et à plus de 700 millions en intérêts (*). En présence de tels faits, comment donc les Anglais, écrasés qu'ils sont de charges de toute espèce; eux chez qui la taxe des pauvres monte, année commune, à 150 millions de francs, et qui s'est élevée en 1831 à 202,785,550 fr. (**); comment, dis-je, les Anglais pouvaient-ils continuer le service de leur amortissement? Il y avait donc ici force majeure, et ils n'ont fait que céder dans cette circonstance à la plus impérieuse de toutes les lois, à celle de la nécessité. Leur conduite à cet égard est l'image de celle de ce capitaine de navire qui, battu par la tempête, jette une partie de la cargaison à la mer, pour échapper à l'imminence du naufrage.

249. Au surplus, ce qui est certain, et que ne dit pas le *Globe*, c'est que, depuis plusieurs années, les Anglais ne pouvaient servir leur amortissement qu'au moyen d'emprunts ou, à défaut d'emprunts, par l'émission des bons de l'échiquier; et c'est bien alors, certes, que l'amortissement est une véritable déception, car c'est surcharger gratuitement le trésor de tous les sacrifices qu'entraînent nécessairement les emprunts. C'est cependant là une école qu'ont faite les Anglais pendant plusieurs années de suite, et qu'on ne pourrait s'expliquer, si l'on ne savait d'ailleurs que les deux extrêmes se touchent chez eux. En effet, il n'y a pas de nation chez laquelle la civilisation soit plus avancée et qui offre en même temps des traces d'une plus profonde barbarie; témoin le scandale de leurs élections, et cette loi non encore abrogée qui permet à un mari de vendre sa femme sur le marché public, et la corde au cou comme une bête de somme (***)

(*) Ce service s'est élevé, pour l'année 1831, à la somme de 707,785,400 francs.

(**) C'est à la vérité les communes qui, en Angleterre, sont chargées de la taxe des pauvres. Mais, enfin, l'impôt a beau différer dans la forme, au fond c'est toujours la même chose, puisque ce sont toujours les contribuables qui paient.

(***) Cette coutume n'est pas tellement tombée en désuétude qu'on

Il n'y a pas de pays où il y ait plus de richesses et plus d'indigence tout à la fois; témoin, je le répète, leur taxe des pauvres (*); qui jouisse d'une plus grande liberté, et où les abus de l'aristocratie soient plus révoltans, et ainsi de suite; car nous pourrions multiplier bien davantage les exemples de contrastes analogues.

250. Les Anglais, encore une fois, n'ont point encore renoncé à l'amortissement; seulement, la misère du peuple les ayant obligés à réduire de nouveau, à partir du commencement de 1830, plusieurs impôts indirects, le revenu a cessé depuis lors d'excéder la dépense; circonstance qui est cause que l'action de la caisse d'amortissement a été entièrement suspendue : il y a même eu, pour l'année 1831, un excédant de dépense sur les recettes d'environ 17 millions de francs. Toutefois il est présumable qu'avant peu, une nécessité de position fera un devoir aux Anglais de renoncer tout-à-fait à l'amortissement, sans qu'on puisse pour cela rien en conclure contre le système d'amortissement en lui-même. Au surplus, si, après avoir été réduits à cette fâcheuse extrémité, ils venaient à prétendre que cet abandon complet de l'amortissement est volontaire de leur part, et le résultat de leurs progrès dans la science financière, je dirais qu'ils sont trop éclairés pour être de bonne foi, en soutenant une absurdité aussi évidente que celle de l'inefficacité de l'amortissement; et je conclurai de cette tactique qu'elle cache un but politique, celui de dégoûter les autres nations de cet antidote des emprunts, afin que leurs dettes s'en accroissent avec d'autant plus de rapidité, et qu'ainsi elles perdent insensiblement l'avantage que jusque là elles avaient conservé à cet égard sur l'Angleterre.

---

n'en voic encore quelques exemples, parmi lesquels nous nous contenterons de citer le plus récent.

Le 7 avril dernier (1832), le sieur Joseph Thomson a vendu, à Carlisle, sa femme, âgée de 22 ans, qu'il avait épousée en 1829. Elle a été achetée par Henri Méart pour la somme de 20 *schellings* et *un chien de Terre-Neuve*.

(*) En Angleterre, le quart des habitans est inscrit sur les registres des indigens; en France, au contraire, le nombre des pauvres n'équivaut qu'au trentième de la population, de sorte que, proportion gardée entre les populations respectives des deux royaumes, le paupérisme est sept fois plus considérable chez les Anglais que chez nous.

251. Au résumé, la dette fondée *réelle* des Anglais, nous le répétons de nouveau, s'élève encore aujourd'hui (1er janvier 1832) à 19,281,298,300 fr. en principal, et la nôtre à la même époque à 3,802,100,813 fr. seulement (*Voy.* les tableaux des pages 94 et 97); c'est-à-dire que la dette fondée réelle anglaise est plus que quintuple de la dette fondée réelle de la France.

Le double service des intérêts et de l'amortissement en Angleterre y absorbait, il y a quelques années, les deux tiers des revenus de l'Etat, et le service seul des intérêts en absorbe encore aujourd'hui plus de la moitié, puisque, dans leur budget de 1831 qui s'élevait à 51,042,608 liv. sterl. ou à 1,275,315,200 f., les intérêts et les frais de leur dette publique y figuraient pour 28,311,416 liv. sterl., soit pour 707,785,400 fr.

Le service des intérêts de notre dette fondée, en y comprenant les rentes rachetées par l'Etat, ne s'élevait, au 1er janvier 1832, qu'à 211,518,242 fr., équivalant seulement au cinquième de notre revenu ordinaire (36); et le double service des intérêts et de l'amortissement ne montait chez nous, à la même époque du 1er janvier 1832, qu'à 254,611,863 fr., qui ne forment que le quart de ce même revenu (137).

L'Angleterre, enfin, ne pouvait depuis long-temps pourvoir au service intégral de son amortissement qu'au moyen d'emprunts, tandis que les impôts nous suffisent pour le même service.

Il résulte bien évidemment de ce rapprochement que la situation financière de l'Angleterre est tout-à-fait différente de celle de la France, et que la réduction qu'elle a dû opérer sur son fonds d'amortissement, ni même la suppression totale qu'elle sera très-probablement obligée d'en faire plus tard, n'ont rien de concluant pour nous, et ne sauraient par conséquent être invoquées comme un exemple à suivre par la France.

TROISIÈME ARGUMENT.

Faut-il supprimer l'amortissement, parce qu'il n'amortit pas, qu'il est une déception, et qu'il n'est propre qu'à favoriser l'agiotage ?

252. C'est le *Globe* qui, en s'appuyant sur le prétendu exemple de l'Angleterre, a le plus contribué à répandre ces fausses doctrines, qui ont trouvé des échos jusque dans la Chambre des

députés, lorsque, au mois de janvier 1832, on y a discuté le projet de budget dudit exercice (partie des dépenses);

« L'amortissement, a dit le *Globe* dans son numéro du 25 sep-
» tembre 1831, n'est qu'une grande fiction, et toutes les opéra-
» tions qui en résultent ne sont que des affaires de jeu, puisqu'*il*
» *est reconnu que depuis que la caisse d'amortissement est insti-*
» *tuée, il a été émis une plus forte quantité de rentes qu'elle n'en*
» *a racheté.* »

Cette conclusion que l'amortissement n'est qu'un jeu, parce que la dette perpétuelle était plus considérable en 1831 qu'en 1816, époque de la réorganisation de la caisse d'amortissement; cette conclusion, il faut en convenir, a quelque chose de bien naïf, pour ne rien dire de plus. Quoi! depuis 1816 on a plus emprunté qu'amorti, et la dette, au lieu d'être diminuée, est augmentée! voyez donc la grande merveille!

Eh bien! à cette assertion si paradoxale, si fausse et cent fois répétée par le *Globe*, que l'*amortissement n'amortit pas*, opposons un argument sans réplique, les chiffres; et certes, on ne pourra point contester l'exactitude des miens, puisque c'est dans les documens officiels publiés par le gouvernement que j'ai puisé les élémens de mes calculs. Reportons-nous donc à cet effet, dans tout le cours de la démonstration suivante, au compte de situation de la caisse d'amortissement, pages 87 et 88.

Les rentes de toute nature rachetées par cette caisse depuis 1816 jusqu'au 31 décembre 1831 inclus, s'élèvent à 60,073,099 fr. représentant un capital nominal de... 1,452,754,264 fr.

Le total des recettes qu'elle avait faites à la même époque, tant sur le capital de sa dotation que sur le produit des bois vendus, montait à... 708,224,010

Différence............. 744,530,254 fr.

Partant, il est clair comme le jour :

1° Que, toutes compensations faites, les produits, au 31 décembre 1831, ont excédé les recettes d'une somme de 744,530,254 fr., dont le capital de notre dette se trouverait nécessairement augmenté aujourd'hui, s'il n'y avait pas eu d'amortissement. .... 744,530,254 fr.

A reporter............. 744,530,254 fr.

Report............ 744,530,254 fr.

2° Il est clair encore qu'il faut ajouter à ce premier résultat le capital nominal répondant au surplus des rentes qu'aurait rachetées la caisse d'amortissement, si la loi du 1er mai 1825 n'avait pas suspendu, pendant 5 ans de suite, la marche des intérêts composés; capital nominal qu'on peut évaluer, en cavant au plus bas, à (*) .... 22,344,400 fr.

3° Enfin, il est encore bien évident qu'il faut ajouter aux deux résultats précédens le capital nominal répondant au surplus des rentes qu'il aurait fallu émettre, à chaque emprunt conclu depuis 1816, pour se procurer, sans amortissement, les mêmes capitaux qu'on a obtenus

A reporter..... 22,344,400 fr. 744,530,254 fr.

(*) Pour fixer cette évaluation d'une manière rigoureuse, il faudrait se jeter dans des calculs très-longs qui exigeraient une démonstration encore plus longue. Il faudrait ajouter successivement au fonds racheteur les arrérages des rentes annulées partiellement pendant 5 ans de suite; et comme du 22 juin 1825 au 31 décembre 1831, époque prise ici pour base de comparaison, il y a 13 semestres, cela donnerait 13 accumulations. Voilà pourquoi nous avons mieux aimé abandonner à nos adversaires une partie des avantages de ces accumulations, que d'entrer dans de pareils détails. Voici donc comment nous avons opéré à cet égard.

Les rentes annulées au 22 juin 1830 s'élevaient en tout à 16,020,094 f. dont 16,003,286 fr. en 3 p. % et les 16,808 fr. restans en 4 et 4 $\frac{1}{2}$ p. %; et comme cette dernière somme est trop minime pour que la différence du taux d'intérêt mérite quelque considération, nous avons supposé que les 16,020,094 fr. ci-dessus consistaient exclusivement en 3 p. %.

Ce point admis, nous avons supposé encore qu'au lieu d'annuler partiellement ces 16,020,094 fr. de rente, au fur et à mesure de leurs rachats, on les avait tenus en réserve jusqu'au 31 décembre 1831; qu'ensuite on les avait annulés par une seule opération, après toutefois les avoir employés en achats de rentes 3 p. % à 71 fr. 70, prix commun qui ressort de tous les rachats effectués par la caisse d'amortissement en cette nature de rentes, depuis la création de ce fonds, jusques et y compris le 30 juin 1832. Par ce moyen, nous avons trouvé qu'on aurait racheté 670,332 fr. de rente 3 p. % (68), qui représentent un capital nominal de 22,344,400 francs.

Report.......	22,344,400 fr.	744,530,254 fr.

avec son secours; car je ne suppose pas que les adversaires les
plus acharnés de l'amortissement puissent soutenir que les
prêteurs, déjà si disposés à se
prévaloir des moindres circonstances, auraient traité à des
conditions aussi favorables pour
le gouvernement, si celui-ci, au
lieu d'affecter dès le début à ces
emprunts une dotation annuelle
de 40 millions, portée successivement depuis à plus de 43 millions, ne leur eût attribué aucune
espèce de dotation. Et certes,
c'est être bien modéré que de ne
fixer qu'à 111,375,580 fr. l'évaluation du capital nominal répondant au surplus des rentes
5 p. % ci-dessus (*)..........111,375,580 fr.

133,718,780

Total.............. 878,249,034 fr.

(*) Depuis 1816 jusqu'au 25 octobre 1831, époque où le *Globe* prétendant que l'amortissement n'est qu'une déception, l'État avait émis, en
dix emprunts différens, 107,082,244 fr. de rente 5 p. %, et 3,134,950 fr.
de rente 4 p. %, en tout 110,217,194 fr. de rente, au capital nominal de
2,220,018,630 fr. qui avaient fait rentrer dans les coffres du trésor une
somme de 1,621,003,628 fr., ce qui établit un prix commun de négociation de 73 fr. 55 cent.

Pour n'évaluer donc qu'à 111,375,580 fr. le capital nominal répondant
au surplus des 5,568,779 fr. de rente 5 p. % (54), que le défaut absolu
d'amortissement aurait obligé d'émettre, pour se procurer le même capital 1,621,003,628 fr. ci-dessus, il a fallu supposer que, nonobstant cette
cause de discrédit, les prêteurs n'auraient payé, terme moyen, que 3 fr.
55 c. de moins par chaque 5 fr. de rente; supposition assurément fort au-
dessous de celle qu'autorisent les probabilités.

En effet, 3 fr. 55 c. déduits du prix commun ci-dessus, 73 fr. 55 c.,
laissent pour reste 70 f.; et, pour faire rentrer au trésor, audit prix de 70 f.,
la même somme de 1,621,003,628 fr. ci-dessus, il aurait fallu émettre
115,785,973 fr. de rente 5 p. % (68), au lieu des 110,217,194 fr. qui ont
été réellement négociés par le gouvernement au prix moyen de 73 fr. 55 c.,

253. Voilà donc comment il est vrai que l'amortissement n'amortit pas, et qu'il n'est qu'une déception; c'est que, défalcation faite des sommes que la caisse d'amortissement a reçues depuis 1816 jusqu'au 31 décembre 1831, elle a éteint, durant cette période de 15 ans, une somme de 744,530,254 fr. en principal; d'où il résulte que, si elle n'avait pas existé, le capital de notre dette fondée se serait trouvé accru, au 31 décembre 1831, de ladite somme de 744,530,254 f., et en outre de 133,718,780 f., pour les causes que nous venons d'indiquer; c'est-à-dire que ce capital se trouverait accru en tout de 878,249,034 francs.

Cependant, au dire du *Globe*, non-seulement l'amortissement n'amortit pas, mais, ce qui est bien plus curieux encore, *il contribue à augmenter la dette;* c'est du moins ce qu'il a voulu établir dans son numéro du 1er septembre 1831, au moyen d'un tableau duquel il résulterait que, sans le système d'amortissement suivi jusqu'alors, « la France aurait de moins à payer à ses créanciers » une somme annuelle de 1,794,772 fr., soit 1,800,000 fr. (*). »

254. Actuellement, je le demande à tout homme de bonne foi, n'y a-t-il pas de quoi révolter la raison la plus froide, que d'entendre quelques écrivains répéter sans cesse et avec la plus imperturbable assurance, que *l'amortissement n'amortit pas?* et cela, sans appuyer cette étrange proposition d'aucune espèce de preuves, mais de vaines déclamations seulement.

---

c'est-à-dire 5,568,779 fr. de rente de plus, différence existant entre 115,785,973 fr. et 110,217,194 francs.

En ne fixant donc qu'à 70 fr. seulement le prix commun de négociation ci-dessus, et par suite à 111,375,580 fr. le capital nominal, répondant au surplus des 5,568,779 fr. de rente qu'il aurait fallu créer s'il n'y avait pas eu de caisse d'amortissement, nous sommes demeurés, nous le répétons, fort au-dessous de la vérité, et nous aurions certainement pu porter 100 millions de plus, sans encourir le moins du monde le reproche d'exagération.

(*) Ce journal est encore revenu à la charge, dans son numéro du 31 décembre 1832, et a fait un nouveau rapprochement dans lequel il a répété la même assertion. Le rédacteur qui était chargé de la partie financière dans le *Globe* a des idées beaucoup plus justes sur l'assiette de l'impôt. Il a publié, à ce sujet, des réflexions où l'on trouve d'excellentes vues, et dans lesquelles il a mis à nu et rendu palpable le vice radical du système de répartition que le ministère s'obstine à suivre, et qui est en contradiction si manifeste avec l'essor qu'a pris l'industrie en France depuis 40 ans, et avec les grands principes qu'a consacrés la révolution de 89, et surtout celle de juillet 1830.

255. Le grand cheval de bataille que mettent encore en avant les adversaires de l'amortissement, c'est qu'il n'est propre qu'à alimenter l'agiotage : autre idée fausse.

En effet, l'agiotage, comme tout le monde sait, consiste dans les marchés à terme, qui au fond ne sont absolument que des paris sur la hausse et sur la baisse. Il ne faut donc aux agioteurs que des variations brusques et fortes en même temps. Or, l'amortissement a précisément un effet tout contraire, et rien de plus régulier que sa marche qui est toute mathématique. Il ne peut, par conséquent, produire qu'une hausse lente et progressive ; et son action, image du temps, ne s'aperçoit qu'à la longue. Il n'a donc rien de commun avec ces hausses et ces baisses convulsives, qui sont l'âme de l'agiotage : bien loin de là, il tend à diminuer plutôt qu'à augmenter les spéculations de la Bourse, en ce sens qu'il a pour effet d'élever peu à peu les fonds publics au pair, tandis que c'est lorsqu'ils s'en éloignent le plus que la fureur des spéculateurs redouble. Cela est si vrai, qu'en Angleterre, où il y a du 3, du $3\frac{1}{2}$, du 4 et même du 5 p. %, c'est presque exclusivement sur le 3 p. % que se concentre tout le jeu. A la rigueur, la seule chose qu'on pourrait raisonnablement admettre, c'est que les parieurs à la hausse préfèrent peut-être l'existence de l'amortissement, comme un moyen propre à diminuer leur perte en cas de baisse, parce que, nous le répétons, il élève graduellement les cours. Sous ce dernier rapport, il peut être regardé par certains esprits comme une espèce de préservatif contre une forte baisse ; mais voilà tout.

Au surplus, l'agiotage est inséparable non-seulement de toute dette publique, avec ou sans amortissement, mais de toutes sortes d'effets publics, et je n'en citerai qu'une preuve, qui remonte à 1787. Jamais peut-être il n'exerça plus de ravages qu'à cette époque, où il inspira au comte de Mirabeau cette philippique si véhémente, dans laquelle il foudroya tout à la fois les principaux acteurs et protecteurs de l'agiotage :

« L'agiotage, disait-il au roi, dans la préface de son opuscule, » est l'ennemi le plus redoutable de votre royaume : il dévore » vos revenus, il aggrave les charges de l'Etat, il corrompt vos » sujets, il énerve votre puissance, etc. (*). »

(*) *Dénonciation de l'agiotage au Roi et à l'assemblée des notables, par le comte de Mirabeau.*

Lorsque Mirabeau s'exprimait ainsi (20 février 1787), la dette perpétuelle ne consistait qu'en 127 millions, et n'avait point d'amortissement. Cependant, la fureur de l'agiotage qui recevait un nouvel aliment de la Caisse d'escompte, de la Banque de Saint-Charles, de la Compagnie des Indes, et de la multitude de papiers au porteur de plusieurs autres compagnies ; la fureur de l'agiotage, dis-je, était telle en 1787, qu'elle était hautement signalée comme une cause prochaine de banqueroute.

Le seul moyen, sinon d'extirper, du moins de diminuer ce fléau pestilentiel de l'agiotage, est dans la raison publique. Tant qu'elle ne flétrira pas ces fortunes honteuses acquises au grand tapis vert de la Bourse, le mal se perpétuera. Mais bien loin de là, aujourd'hui comme autrefois, c'est dans les sommités sociales que se trouvent les principaux acteurs et protecteurs de l'agiotage.

256. « Il vaut mieux, disent encore les adversaires que je
» combats, laisser dans la poche des contribuables l'argent qu'on
» leur demande pour l'amortissement, afin de soulager d'autant
» les classes souffrantes déjà si surchargées, et favoriser en même
» temps la reproduction des capitaux. »

Sans contredit tout le monde est d'accord qu'il vaut mieux laisser l'argent dans la poche des contribuables que de l'en tirer sans nécessité. Mais cette objection que l'on oppose ici à l'amortissement, on peut l'appliquer à tous les impôts sans exception ; et c'est précisément parce qu'il convient d'enlever le moins d'argent possible à la reproduction qu'il faut amortir ; et en voici la preuve.

Rappelons-nous d'abord, avant de passer outre, qu'on ne pourrait, sans manquer à la foi promise, supprimer les 43,093,621 fr. de dotation actuelle (existant le 31 décembre 1831), dont l'inviolabilité est garantie par l'article 115 de la loi du 28 avril 1816. Par conséquent, il ne peut être question ici que des 44,053,005 fr. rachetés par la caisse d'amortissement, au 1er janvier 1832.

En annulant donc ces 44,053,005 fr. de rente, la force de l'amortissement ne consisterait plus ensuite que dans la dotation annuelle de 43,093,621 f.; et comme la portion de la dette fondée restant à éteindre à ladite époque du 1er janvier 1832, était de 167,465,237 fr. de rentes de toute nature, au capital nominal de 3,802,100,814 fr. (*Voyez* le petit tableau de la page 27), il faudrait, en rachetant au pair, 36 ans à peu près pour opérer la libération définitive; et ce terme de 36 ans nous transporte à la fin de 1867 (*).

En ne touchant point aux rentes rachetées, au contraire, il ne faudrait que 25 ans, à très-peu près, pour opérer cette même extinction, ce qui nous transporte à la fin de 1856 (**).

257. Maintenant voici ce qui résulterait pour les contribuables, soit de l'annulation des rentes rachetées, soit de la suppression complète de l'amortissement.

Si, comme plusieurs membres de la Chambre des députés le demandaient à grands cris au mois de janvier 1832, on avait annulé les 44,053,005 fr. de rentes ci-dessus, on aurait soulagé les contribuables de 1832 à 1856 de cette somme annuelle, si toutefois cette annulation n'avait pas précédé l'époque de la conclusion de prochains emprunts (***); car il faudrait déduire de ces

---

(*) 43,093,621 fr. sur un capital de 3,802,100,814 fr., font 1,133 p. °/₀ (13), dotation qui, en rachetant au pair, suffirait pour éteindre en 33 ans et 3 mois les 167,465,237 fr. de rentes ci-dessus, si ces rentes consistaient toutes en 5 p. °/₀ (170). Mais comme, sur cette dernière somme, il y a environ 39 millions et demi en 3, 4 et 4 $\frac{1}{2}$ p. °/₀, cette considération reculerait l'époque de la libération d'environ 2 ans et 9 mois, lesquels ajoutés aux 33 ans 3 mois précédens, font bien 36 ans en tout.

(**) En ne touchant point aux rentes rachetées, la force totale de l'amortissement se composerait de 87,146,626 fr. qui, sur un capital de 3,802,100,814 fr., font 2,292 p. °/₀ (13), et qui, en rachetant au pair, suffiraient pour éteindre en 23 ans les 167,465,257 fr. de rentes qui restaient à racheter au 1ᵉʳ janvier 1832, si ces rentes étaient constituées au taux unique de 5 p. °/₀ l'an (170). Mais, comme sur cette dernière somme, il y a environ 39 millions et demi en 3, 4 et 4 $\frac{1}{2}$ p. °/₀, cette considération reculerait le terme de la libération d'environ 2 ans, lesquels ajoutés aux 23 précédens, font bien 25 ans en tout.

(***) Lorsque, au mois de janvier 1832, on agitait à la Chambre des députés la question de savoir si l'on devait annuler les 44,053,005 fr. de rentes rachetées par l'amortissement, il y avait encore 200 millions à emprunter. Il faut par conséquent déduire de ces 44,053,005 fr. le surplus des rentes qu'il aurait fallu émettre pour se procurer ce même capital de 200 millions, si cette annulation avait eu lieu. Car on sait fort bien que les prêteurs n'auraient pas manqué, comme de raison, de se prévaloir de cette atteinte portée à l'amortissement, pour offrir un prix moins élevé de ces 200 millions qui restaient à réaliser, en vertu des lois des 5 janvier, 18 avril et 25 mars 1831. Et ce surplus de rentes à créer aurait diminué d'autant le soulagement des contribuables de 1832 à 1856, évalué plus

44,053,005 fr. de rente, le surplus de celles que l'atteinte portée au crédit public par la réduction de l'amortissement aurait obligé d'émettre, pour se procurer les 200 millions qui restaient à réaliser, en vertu de crédits législatifs votés pendant les quatre premiers mois de 1831. Mais, d'un autre côté, en annulant les 44,053,005 fr. de rente ci-dessus, on aurait surchargé les contribuables, de 1857 à 1867, d'une somme annuelle de 167,465,257 fr., montant des rentes de toute nature qui restaient à racheter au 1er janvier 1832.

L'avantage de cette opération aurait donc consisté à laisser 44,053,005 fr. par an dans la poche des contribuables, pendant les 25 premières années (de 1832 à 1856) qui auraient sufi pour éteindre la dette, si l'on eût laissé l'amortissement intact ; ce qui est fort beau assurément.

Et le désavantage de cette même opération aurait consisté à ôter 167,465,257 fr. de la poche de ces mêmes contribuables, pendant les onze années (de 1857 à 1867) que l'annulation des rentes rachetées aurait nécessitées de plus, pour compléter l'extinction de la dette ; et voilà le revers de la médaille.

Que si, cédant aux clameurs de quelques novateurs effrénés, et foulant la loi aux pieds, on eût supprimé une fois pour toutes la caisse d'amortissement, c'eût été bien pis encore. Au moyen de cette suppression, on aurait soulagé, il est vrai, les contribuables des 25 premières années (à partir de 1832), du service annuel de 44,053,005 fr. d'une part, et de 43,093,621 fr. de l'autre, en tout de 87,146,626 fr. ; mais, d'un autre côté, on aurait grevé pour toujours les contribuables futurs d'un impôt annuel de 167,465,257 fr., montant des rentes de toute nature restant à racheter au 1er janvier 1832, et par conséquent d'une dépense séculaire de près de 17 milliards ; car, dans l'hypothèse actuelle, il n'y aurait eu d'allégement à attendre, pour l'avenir, que de la réduction de l'intérêt de la dette. Or, sans amortisse-

---

haut à une somme annuelle de 44,053,005 fr. consistant dans les rentes déjà rachetées et annulées au profit de l'État.

Ainsi, si cette annulation avait eu réellement lieu, l'emprunt des 150 millions, adjugé le 8 août 1832 à 98 fr. 50 c., ne se serait certainement négocié qu'à un prix moins favorable, et qui, par conséquent, aurait eu pour effet de diminuer le soulagement des contribuables.

ment, quand et comment pouvoir opérer de semblables réductions?

258. Au résumé, en nous reportant au mois de janvier 1832, la question que l'on agitait, à cette époque, à la Chambre des députés, celle de savoir s'il convenait, oui ou non, d'annuler les rentes rachetées jusqu'alors par l'amortissement ; cette question, soumise au calcul, se réduit en dernier résultat à celle-ci :

Pour éteindre la dette publique existant au 31 décembre 1831, et consistant en 211,518,242 fr. de rentes de toute nature, lequel des deux vaut mieux pour les contribuables, savoir :

Ou de payer, pendant 36 ans de suite (de 1832 à 1867 inclusivement) 211,518,242 fr. par an, en tout. . . 7,614,656,71 2 fr.

Ou bien de payer, durant 25 ans de suite (de 1832 à 1856 inclusivement), pour le double service des intérêts et de la dotation, une somme de 254,611,863 fr. par an, en tout. 6,365,296,575
____
Différence . . . 1,249,360,137 fr.

L'annulation des 44,053,005 fr. des rentes rachetées aurait eu pour résultat, comme on voit, de prolonger de 11 ans l'existence de la dette publique, et d'occasioner, en outre, un surcroît de dépense de 1,249,360,137 fr.

Et remarquons bien que ce préjudice aurait été bien plus considérable encore, si nous n'avions fait à nos adversaires les deux concessions gratuites suivantes, qui consistent :

1° En ce que nous n'avons point porté en ligne de compte, d'une part, le surplus des rentes que le discrédit causé par la réduction de l'amortissement aurait obligé d'émettre, pour se procurer les 200 millions de capital qui restaient à réaliser au 1.er janvier 1832, en vertu de lois spéciales votées au commencement de 1831 ; et que, d'un autre côté, nous avons également passé sous silence le surplus des rentes que, par suite de ce même discrédit, il aurait fallu créer, pour réaliser d'autres emprunts éventuels, qu'on aurait été très-probablement dans le cas de contracter, durant une période aussi longue que celle de 36 ans, dont il était question ;

2° En ce que nous n'avons pas fait mention, dans nos calculs, des réductions d'intérêt de la dette, qu'il est plus que probable qu'on aurait pu opérer, durant cette même période de 36 ans : or, comme ces réductions auraient nécessairement été plus prochaines dans l'hypothèse du maintien intégral de l'amortissement,

que dans l'hypothèse contraire, cette circonstance est précisément un avantage de plus en faveur de la thèse que je soutiens,
en ce qu'elle aurait ajouté aux onze ans de la prolongation de la
dette causée par l'annulation des rentes rachetées, et au surcroît
de dépense ci-dessus montant à 1,249,360,137 francs.

259. Cet argument que mettent en avant les adversaires aveu-
gles de l'amortissement, que « il vaut mieux laisser dans la poche
» des contribuables l'argent destiné à son service, » est donc ac-
cablant pour eux. Quelle étrange inconséquence! Ils veulent re-
médier à ce qu'ils appellent un mal, et ils proposent précisément
pour remède un soulagement momentané, acheté au prix, soit de
l'aggravation, soit de la perpétuité de ce mal ; et ces empiriques
financiers trouvent des échos jusque dans la Chambre des députés !

260. Ce qu'il y a de fort curieux actuellement, ce sont les mesures
financières que propose le *Globe* pour remplacer les 87,146,626 f.
appartenant à l'amortissement, dont il demande *mordicus* l'entière suppression, parce *qu'ils n'amortissent rien*, comme ce
journal l'a encore répété, pour la centième fois peut-être, dans
ses numéros des 4 décembre 1831 et 31 mars 1832. Il propose,
entre autres mesures :

1° D'abolir les successions collatérales, au-delà du 6e degré,
au profit de l'État;

2° D'opérer, à titre d'impôt, une retenue sur les rentes in-
scrites au grand-livre de la dette publique.

Quant au premier moyen, c'est dépouiller les particuliers, et
ériger ainsi la spoliation en principe.

Quant au projet d'imposer la rente, reproduit à la Chambre
des députés à la seconde session de 1832, cette mesure non-
seulement est de nature à porter atteinte au crédit public, mais
elle est en outre illégale. En effet, prélever un droit quelconque sur la rente, et à quelque titre que ce soit, c'est au fond réduire l'intérêt de la dette ; ce que l'État ne peut faire sans offrir
le remboursement, à moins de violer à la fois les lois de l'équité
et de la justice. Dans tous les cas, cette taxe serait tout-à-fait
illusoire, puisqu'il suffirait, pour s'y soustraire, de profiter du
bénéfice de l'ordonnance royale du 29 avril 1831, qui autorise
la conversion des rentes nominatives en rentes au porteur; ce
qui a échappé à l'attention de l'auteur du projet ci-dessus.

261. On a objecté encore contre l'amortissement (car qu'en'ob-

jecte-t-on pas à ce sujet?) que l'Etat avait toujours racheté les rentes à un prix supérieur à celui de leur négociation; ce qui n'est pas d'abord exact pour les rentes 3 et 4 p. °/o, puisque, émises aux taux respectifs de 75 fr. et de 102 fr. 075, elles ont été rachetées aux prix moyens de 71 fr. 70 c. et de 81 fr. 51 c., comme nous l'avons vu (p. 88). Il est certain pourtant qu'il est dans la nature des choses que le gouvernement rachète, en général, la rente plus cher qu'il ne l'a vendue, par la raison toute simple que c'est plus particulièrement dans des momens de crise qu'ont lieu les emprunts, et que le crédit public doit s'améliorer progressivement avec le temps. Mais cela ne prouve absolument rien contre l'efficacité de l'amortissement en lui-même, dont il faut envisager l'action dans l'ensemble de ses opérations, et par rapport à son résultat définitif: il serait même fâcheux que l'Etat rachetât un emprunt à meilleur marché qu'il ne l'aurait négocié. En effet, dans ce dernier cas, l'amortissement serait un peu plus profitable, il est vrai; mais ce serait acheter un petit bien au prix d'un grand mal, car ce serait une preuve que, durant tout le période qu'aurait exigé l'extinction d'un emprunt, le crédit public se serait maintenu à un degré de détérioration pire que celui où il se trouvait au moment de la conclusion de ce même emprunt; ce qui serait une véritable calamité pour la fortune publique.

262. Au surplus, il n'est pas étonnant que la secte des soi-disant Saint-Simoniens, dont le système économique est basé sur l'exhérédation générale, sur la destruction du lien de famille, sur la promiscuité des femmes, et tend à soulever celui qui n'a rien contre celui qui a quelque chose; il n'est pas étonnant, dis-je, que cette secte, dans le but apparent de soulager la détresse du peuple, éternel prétexte des novateurs politiques de tous les temps et de tous les pays, fasse une guerre à toute outrance à l'amortissement. Ne prêchent-ils pas d'exemple d'ailleurs? (ce que ne font pas toujours les prédicateurs des autres religions), et ont-ils affecté une dotation quelconque à leurs emprunts non sans doute; et par la double raison qu'ils ont fait cette découverte que *l'amortissement n'amortissait pas,* et que le remboursement de leur dette est la chose du monde qui les occupe le moins. Et n'allez pas croire, je vous prie, que cette incurie attaque le moindrement leur moralité ni leur solvabilité!

En effet, quelle est la garantie matérielle qui, aux yeux de ces illuminés d'un nouveau genre, pourrait valoir la garantie morale qu'offre à ses créanciers une société qui a reçu du dieu Simon la mission de régénérer l'espèce humaine, et de ramener l'âge d'or sur la terre? Comme la confiance et la crédulité sont deux qualités essentielles pour faire de bons adeptes, portez votre argent aux Saint-Simoniens, bonnes gens, afin de les aider à accomplir leur œuvre merveilleuse; ils vous en paieront d'ailleurs un si haut intérêt que ce sera vraiment comme si vous placiez *à fonds perdu*.

263. Au résumé, il résulte de ce qui vient d'être exposé dans les deux subdivisions précédentes de ce chapitre :

1° Que les Saint-Simoniens ont altéré les faits en assurant que l'Angleterre avait renoncé à l'amortissement, comme à un vieux préjugé financier, et que notre caisse d'amortissement avait toujours racheté les emprunts à un taux supérieur à celui de leur négociation;

2° Qu'eux et leurs échos sont en opposition avec la raison et l'expérience, en prétendant que l'amortissement n'a jamais servi à libérer aucun gouvernement, puisque les Etats-Unis doivent être entièrement affranchis de leur dette dans 2 ans (en 1834);

3° Qu'ils sont en contradiction manifeste avec la science des chiffres, et qu'ils ont nié une vérité mathématique en soutenant que l'amortissement n'est qu'une *déception*, qu'une *jonglerie*, etc. puisque, sans notre caisse d'amortissement, notre dette fondée serait déjà augmentée, et en cavant au plus bas, de 878,249,034 f. en principal, comme nous l'avons démontré (252).

Enfin, tous les argumens des Saint-Simoniens contre l'amortissement, que nous venons de passer en revue, peuvent se résumer en ces deux mots, répétés jusqu'à satiété dans leur journal et leurs écrits : *L'amortissement n'amortit pas ;* ce qui est aussi absurde que de prétendre que rembourser une dette petit à petit n'est pas le moyen de l'éteindre ni même de la diminuer.

(*) Depuis que ces lignes étaient écrites, l'association Saint-Simonienne a été dissoute en vertu d'un arrêt de la Cour d'assises de la Seine, en date du 28 août dernier (1832); et le chef de cette association a été condamné, avec deux de ses principaux acolytes, à un an de prison et à 100 f. d'amende. Je suis fâché que l'intervention des tribunaux ait été jugée nécessaire dans cette circonstance, et qu'on n'ait pas attendu que le ridicule ait achevé de faire justice de tant de folies et d'extravagances, ce qui ne pouvait tarder. La condamnation à un an de prison me paraît tant soit peu sévère aussi, et

Faut-il n'appliquer à l'amortissement que l'excédant des recettes sur les dépenses publiques?

264. Cette expression, *excédant des revenus sur les dépenses*, qui est fort juste lorsqu'il s'agit des particuliers, ne présente aucun sens lorsqu'elle s'applique à l'Etat, ou du moins ne peut être regardée alors que comme une façon de parler seulement.

En effet, les particuliers ont des capitaux mobiliers ou immobiliers, ou bien une industrie quelconque qui en tient lieu, et ont par conséquent des revenus, souvent susceptibles de s'accroître par une bonne gestion.

Un gouvernement, au contraire, n'a point de capitaux à faire valoir; à proprement parler, il n'a même pas de revenus, puisque ce qu'on est convenu d'appeler de ce nom ne consiste qu'en tributs ou impôts qu'il lève pour subvenir à ses besoins, c'est-à-dire pour pourvoir aux dépenses publiques.

Lorsque l'Etat est sagement administré, le ministère réduit d'abord ces dépenses le plus possible, et règle ensuite les impôts en conséquence. Mais la meilleure administration du monde ne peut pas aligner d'avance le chiffre de la recette avec celui de la dépense, comme le ferait un simple particulier, parce que l'une et l'autre sont variables de leur nature. La dépense l'est moins que la recette, il est vrai, mais encore ne peut-elle pas être fixée avec une entière précision, du moins dans toutes ses parties. Les pensions, les rentes viagères, par exemple, sont susceptibles d'éprouver des modifications dans l'année courante. Quant aux impôts, c'est bien pis encore; car le produit des taxes indirectes, qui forme la partie la plus considérable des revenus publics, dépend du plus ou moins d'activité des affaires commerciales, du plus ou moins de consommation intérieure, etc. Ce n'est donc qu'en fin d'exercice, qu'on peut juger si l'équilibre entre la recette et la dépense n'a point été rompu.

Si, en définitive, la recette n'atteint pas ou qu'elle excède le

---

peu propre à amener la guérison de la maladie morale des Saints-Simoniens. Un petit séjour à Charenton et quelques douches auraient été, je crois, un remède beaucoup plus efficace.

3.

chiffre de la dépense, c'est que les prévisions du ministère ont été en défaut sur quelques points, et qu'il ne peut jamais en être autrement. Dans le premier cas, il est indispensable de couvrir le déficit actuel par des crédits supplémentaires, et de faire supporter le fardeau de cette dépense par les contribuables de l'année suivante, qui n'avaient pas été assez imposés l'année précédente. Dans le second cas, au contraire, il est juste de soulager ces mêmes contribuables de la surtaxe qu'ils avaient subie mal à propos sur l'exercice qui vient de s'écouler.

Point du tout: lorsqu'à la fin de l'année, il y a un excédant de recettes qui n'est dû qu'à l'impossibilité absolue de niveler à l'avance la recette et la dépense, les partisans conditionnels de l'amortissement, et M. le comte Roy en tête, veulent qu'on applique cet excédant au rachat des rentes, et prétendent que c'est là le seul moyen profitable d'amortir la dette publique. Eh bien! je leur poserai ce dilemme :

Ou l'amortissement est une chose utile, ou il est une chose inutile.

Dans le premier cas, vous devez donc pourvoir régulièrement à son service comme à celui de toutes les autres dépenses de l'Etat, et non le faire dépendre du hasard des circonstances. Dans le second cas, au contraire, vous avez très-grand tort d'appliquer cet excédant de revenu à l'amortissement, puisque vous ôtez, sans nécessité, cet argent de la poche des contribuables, au lieu de le laisser à la reproduction.

265. Cette maxime qu'il ne faut consacrer à l'amortissement que l'excédant des revenus sur les dépenses, repose donc sur une idée fausse ; c'est une tradition routinière qui n'est adoptée que par ceux qui ne vont pas au fond des choses ; et malheureusement ceux-ci forment le plus grand nombre. Ceux qui soutiennent une pareille doctrine aimeraient-ils mieux, par hasard, que l'Etat procédât à l'égard de l'amortissement, comme il l'a fait jusqu'ici à l'égard des emprunts contractés depuis 1814, dans lesquels il a dissimulé le véritable taux d'intérêt, en se reconnaissant débiteur d'une somme supérieure à celle qu'il recevait réellement ? En opérant pour l'amortissement d'une manière analogue, il faudrait, par un manége tout-à-fait puéril, diminuer, dans chaque budget, l'évaluation du produit des impôts indirects d'une somme égale à celle de la dotation, afin de se procurer ainsi des excédans de recettes fictifs, et de pouvoir se vanter

ensuite qu'on est dans les véritables principes de l'économie financière.

Voilà pourtant à quel misérable subterfuge conduirait une
proposition fondée sur une fausse interprétation des choses.

266. Il y a mieux : en admettant encore que l'Etat eût des
revenus comme un simple particulier, et qu'il ne consacrât au
rachat des rentes que l'excédant desdits revenus sur ses dépenses; eh bien ! je maintiens qu'avec un pareil système d'amortissement, la dette publique ne serait jamais éteinte. En effet, des
besoins réels ou prétendus viendraient presque toujours enlever
cette dotation éventuelle à sa destination naturelle; et dès-lors
la puissance du levier serait tout-à-fait insuffisante, et par cela
même la dette deviendrait perpétuelle, dans toute l'acception
du mot. Ce n'est point avec les miettes tombées de la table du
riche qu'on peut alimenter celui qui, tous les jours, a besoin
d'une nourriture substantielle.

Ce principe qu'*il ne faut appliquer à l'amortissement que l'excédant des revenus sur les dépenses*, lors même qu'il ne serait pas
fondé sur une confusion d'idées, ne serait donc encore qu'une
véritable utopie en finances, et par conséquent le quatrième
argument ci-dessus est sans valeur.

CINQUIÈME ARGUMENT.

*Est-il utile d'avoir une dette publique, et est-ce une raison suffi-
sante pour ne point travailler à son amortissement?*

267. Rien de plus ordinaire que d'entendre répéter qu'il faut
une dette publique à un Etat. Selon les uns, c'est un moyen
d'entretenir, dans la nation, un sentiment général d'indépendance, et d'attacher un plus grand nombre de citoyens à l'existence du gouvernement, par le lien de leur propre intérêt. Selon les autres, une dette fondée ajoute à la richesse publique, en
créant des capitaux mobiles. Ceux-ci (ce sont particulièrement
les banquiers qui soutiennent cette thèse) prétendent qu'une
dette nationale sert à fonder le crédit public, et à faire baisser
le taux de l'intérêt; ceux-là, enfin, se bornent à en vanter l'utilité sur parole.

Pour moi, je soutiens d'abord qu'une dette publique exclut,
bien plutôt qu'elle n'entretient, le sentiment de l'indépendance
nationale, et je me bornerai à citer, à l'appui de cette opinion,

deux faits assez récens, dont l'un nous est particulier. Le premier, c'est qu'après le désastre de Waterloo, qui ouvrit les portes de la France à ses ennemis, nos fonds publics montèrent de 10 fr. à la Bourse de Paris; le second, c'est qu'après la première défaite des Polonais, en 1831, dont le contre-coup pouvait avoir des suites si funestes pour nous, la rente monta encore de 40 sous. Est-ce là, je le demande, une preuve d'indépendance et de patriotisme de la part des Français?

Pour ce qui est du dévoûment plus particulier des rentiers à la chose publique, je prétends, au contraire, que ceux-ci forment dans l'Etat une classe à part, qui a un intérêt contraire à l'intérêt commun. En effet, tous les citoyens désirent, et doivent désirer, la diminution des impôts; les rentiers, au contraire, ne les trouvent jamais assez forts, parce que ce sont des trembleurs sempiternels qui craignent toujours que le trésor ne soit pas assez riche pour leur payer leurs arrérages, et que le souvenir de la banqueroute de 93 entretient chez eux ce sentiment continuel de crainte. Aussi, à la moindre apparence de crise, se hâtent-ils de porter leurs inscriptions au marché, et d'ajouter ainsi au discrédit actuel. Ce sont, enfin, des oisifs qui consomment sans rien produire; de véritables cosmopolites que rien n'attache au sol de la mère-patrie, parce qu'ils peuvent manger leurs revenus partout.

268. Quant à l'effet qu'on attribue à la dette publique, d'ajouter à la richesse du pays, par la création de capitaux mobiles : en supposant vrai cet effet très-contestable, et dont d'ailleurs on n'apporte point de preuves, je répondrai qu'il faut produire le bien par le bien et non par le mal. J'ajouterai que de bonnes institutions, protectrices de toutes les libertés, et un bon système d'économie politique, sont, de tous les moyens, le plus efficace pour donner le plus grand développement à l'industrie et à l'esprit d'association, et pour créer et faire circuler toute espèce de capitaux, sans le secours des emprunts. Les avantages résultant de la circulation occasionée par ces emprunts sont d'ailleurs en partie détruits par l'agiotage. La circulation, que le commerce anime, au contraire, crée sans cesse de nouvelles valeurs, et porte partout une sève génératrice. Voilà la différence essentielle entre ces deux sortes de circulation. Et, pour tout dire en un mot, toutes les fois que les emprunts publics n'ont pas pour objet immédiat les entreprises qui favorisent l'agriculture, le commerce

et l'industrie, je les regarde, moi, comme autant de plaies du corps social.

269. « La dette publique, disent les banquiers, sert à fonder » le crédit et à faire baisser le taux de l'intérêt. » Et c'est précisément ce que je conteste. D'abord je dis qu'il en est de l'Etat comme des particuliers; il aura d'autant plus de crédit qu'il devra moins. Si, par cette expression, *fonder le crédit*, on veut dire qu'un gouvernement qui a recours à l'emprunt, pour la première fois, ne trouverait de l'argent qu'à un taux supérieur à celui du jour, d'accord; mais cela ne prouve autre chose, sinon qu'il aurait besoin, pour inspirer la confiance, de faire ses preuves de probité financière, et d'exactitude à remplir religieusement ses engagemens; et ce qui consolidera le crédit, ce ne sera pas la dette, mais bien la sagesse et l'habileté de l'administration.

La dette publique ne fera pas non plus baisser le taux de l'intérêt, parce que cette baisse ne peut être que le résultat de l'abondance des capitaux que crée le développement de l'industrie et du commerce; elle favorisera cette baisse, voilà tout. L'exemple de l'Angleterre, où, nonobstant sa dette de 20 milliards, l'argent est meilleur marché que partout ailleurs, ne prouve rien contre cette vérité; elle la corroborerait plutôt, parce que c'est précisément l'extrême abondance des capitaux que lui procure un commerce immense, qui en avilit le prix. Le *Moniteur du Commerce* a publié, dans ses numéros des 29 février, 1er et 2 mars 1832, trois articles de suite, dans lesquels il s'est évertué à prouver l'utilité d'une dette publique. Mais le rédacteur s'est toujours tenu à des régions si élevées, que, je l'avoue franchement, son argumentation, qui tenait tant soit peu de la métaphysique, a passé tout-à-fait ma portée. Je me rappelle seulement qu'il posait en principe que quand une dette publique consistait, comme la nôtre, en rentes 3, 4 et 5 p. %, il fallait commencer par rembourser le *trois* et le *quatre*, avant le *cinq*. A mon avis, c'est à peu près comme si l'on prétendait qu'il faut commencer la construction d'un bâtiment par le comble.

270. Enfin, quelques personnes se bornent à soutenir purement et simplement l'utilité d'une dette publique, sans appuyer leur opinion d'aucune preuve; comme l'a fait, par exemple, M. Thiers, dans le rapport qu'il a présenté à la Chambre des députés le 31 décembre 1831, au nom de la commission chargée d'examiner le projet du budget pour l'exercice 1832. Voici

le passage de ce rapport qui a trait à cette proposition; je cite
textuellement :

« Il faut toujours une dette à l'Etat, comme il faut dans une
» maison de commerce, à côté des engagemens échus et acquit-
» tés, de nouveaux engagemens prêts à échoir, c'est-à-dire un
» mouvement perpétuel de dettes qui finissent et qui recom-
» mencent; il ne faut pas qu'un Etat paie toute sa dette, mais il
» faut qu'il la maintienne dans de justes limites, et qu'il ne la
» laisse point parvenir à des proportions embarrassantes et qui
» gênent ses mouvemens. »

Assurément c'est le cas, plus que jamais, de dire que *compa-*
raison n'est pas raison. Qui ne sait, en effet, que le commerce,
consistant uniquement à acheter et à vendre, ne saurait exister
sans crédit, et que, par conséquent, tous ceux qui s'y adonnent
sont dans l'indispensable nécessité de s'accorder mutuellement
des termes de paiement? Or, je le démande, qu'y a-t-il de commun entre l'Etat qui ne spécule jamais, et le négociant dont la
profession, au contraire, est de spéculer toujours?

Ainsi, voilà que M. Thiers, en admettant l'utilité d'entretenir
continuellement une dette publique, s'est mis en contradiction
avec les principes qu'il avait posés, dans le rapport ci-dessus,
touchant la nécessité de maintenir l'amortissement. Voilà qu'il
justifie les ennemis de cette institution, qui ne cessent de demander qu'on y porte atteinte, sous le prétexte qu'elle est trop
richement dotée, opinion dont nous avons précisément démontré le défaut de justesse (241 à 247); car, de ce que, selon
M. Thiers, l'Etat doit maintenir la dette dans de justes limites,
découle nécessairement cette conséquence, *qu'il faut diminuer et*
augmenter alternativement la puissance de ce levier. Mais pourquoi donc, demanderai-je à M. Thiers, faut-il toujours une
dette à l'Etat? Question superflue! *c'est parce que l'Etat ressem-*
ble à une maison de commerce. Certes, force est de convenir qu'à
défaut d'autre mérite, cette raison a du moins celui de la nou-
veauté.

271. Au résumé, quand une dette publique n'aurait que l'inconvénient d'alimenter l'agiotage, elle serait déjà un grand mal;
mais elle est en outre une plaie du corps social qui tend toujours
à faire des progrès, et qui finirait par attaquer le principe même
de son existence, si une main habile ne travaillait à la cicatriser;
et cette main habile, c'est la caisse d'amortissement.

Cas d'exception où il convient de réduire l'amortissement.

272. Maintenant que nous avons réfuté, l'un après l'autre, les principaux argumens mis en avant par les adversaires de l'amortissement, il nous reste à combattre une dernière objection, à laquelle nous nous attendons de leur part, et que voici :

« L'amortissement, me répondront-ils, est donc pour vous » l'arche sainte, une chose à tout jamais inviolable, et votre » maxime est sans doute : *Périssent les finances, périsse l'Etat* » *plutôt qu'un principe?* »

Et non, vraiment, car une pareille maxime serait le comble de la sottise et de l'absurdité. Ce serait imiter l'exemple de celui qui, par l'excès d'une prévoyance mal entendue, et avec des ressources en main, se laisserait mourir de faim, dans la crainte de manquer un jour du nécessaire. Si donc vous vous trouvez dans une situation telle que les contribuables ne puissent supporter les charges actuelles, ou les nouvelles, que l'état des choses rendrait indispensables, je serai le premier à vous engager à réduire l'amortissement, en raison des circonstances. Bien mieux, si ce n'était pas manquer à la foi promise, je vous dirais de faire main basse, en cas de besoin, sur la dotation elle-même : mais songez bien que, dans de telles extrémités, il ne s'agit plus d'une question de principes, mais bien d'une question d'opportunité, résolue d'avance par la nécessité. En pareil cas, toute la difficulté consiste à apprécier la gravité des circonstances, et à proportionner le remède au mal; et ce n'est point là méconnaître le moins du monde le principe de l'amortissement, parce que, si on le réduit, ce n'est pas qu'on le trouve exagéré, ou qu'on en conteste l'efficacité, c'est par raison d'Etat seulement.

Mais toutes les fois que vous viendrez dire : « Il y a déjà le quart, » la moitié, plus ou moins, de la dette publique d'éteinte; l'a- » mortissement est de 2 $\frac{1}{2}$, de 3, etc., p. °/₀, donc il faut le réduire, » parce qu'il est hors de proportion avec la dette restant à racheter; »

Je vous répondrai alors que vous avez les notions les plus erronées sur l'amortissement; et que, du moment où, par suite de vos préjugés, vous y portez une atteinte systématique quelconque, non-seulement vous en détruisez tout l'effet, mais, je le répète encore, vous faites preuve d'ignorance des vrais principes qui doivent le régir; et, pour éviter des répétitions inutiles, je vous renverrai à ce que j'ai déjà dit à cet égard n° 241 à 247.

Conclusion de ce chapitre.

273. Les adversaires de l'amortissement se composent de deux classes distinctes, savoir :

1° De ceux qui ne le comprennent pas (et c'est le plus grand nombre), et de ceux qui sont trompés par des déclamations sophistiques;

2° De ceux qui, moins ignorans sur la matière, ne le combattent que pour acquérir une popularité qu'ils croient propre à servir leurs spéculations politiques.

Quant aux premiers, ce serait peine perdue que de vouloir répondre à leurs divagations; je me bornerai à leur dire : *Apprenez les mathématiques, et puis vous vous répondrez à vous-mêmes.*

Quant aux seconds (et je crois que les Saint-Simoniens sont dans cette dernière catégorie), toute discussion serait également sans objet, parce que, sans bonne foi, la controverse ne peut avoir aucun résultat utile.

Ce n'est donc que pour les personnes que la prévention n'aurait pas encore aveuglées que j'écris, et surtout pour ceux de MM. les membres des deux Chambres, appelés à trancher, à la session actuelle, la question si délicate de la suppression d'une partie de l'amortissement; suppression qui, grâce aux déclamations journalières de quelques écrivains de parti, a trouvé de nombreux partisans au sein de la Chambre élective. Jamais peut-être sujet plus important et plus difficile n'appela un plus sérieux examen; et c'est ce qui nous a obligés à nous jeter dans de longs développemens, qui ont beaucoup ajouté à l'étendue de ce chapitre. Mais ces développemens étaient d'autant plus nécessaires, que, comme je l'ai déjà observé à diverses reprises, notre éducation financière est encore bien peu avancée.

Je dirai, en terminant, à nos législateurs, que, réduire l'amortissement sans une nécessité absolue, ce n'est pas seulement prolonger indéfiniment la durée de la dette, c'est porter aussi une atteinte fâcheuse au crédit public, et marcher droit à la banqueroute, qui peut devenir le prélude de maux bien plus graves encore. Le défaut d'un amortissement régulier dans la dette existante sous l'ancien régime, est une des causes qui ont le plus contribué à amener la catastrophe financière qui a signalé les dernières années du règne de l'infortuné Louis XVI, et qui, par contre-coup, a hâté la révolution de 89.

J'ai mathématiquement démontré (257 et 258) les funestes conséquences qui résulteraient, pour l'avenir, de l'annulation des 44,053,005 fr. de rente devenus la propriété de l'Etat. En n'y portant point atteinte, au contraire, on a la perspective très-fondée d'arriver prochainement à la réduction de l'intérêt de la dette, et de trouver ainsi une économie annuelle de 21 millions, si cette réduction est d'un cinquième, et de 10 millions et demi, si elle n'est que d'un dixième; car, au 1er janvier 1833, il y aura environ 108 millions de rentes 5 p. % entre les mains des particuliers, et par conséquent susceptibles de subir cette réduction.

Enfin, je n'ajouterai plus qu'un mot, que voici : l'amortissement est le *palladium* de la dette publique; c'est la poule aux œufs d'or; ne la tuez donc pas, à moins d'une indispensable nécessité, car vous pourriez vous en repentir un jour, et peut-être trop tard.

Appendice contenant la réfutation de l'article contre la caisse d'amortissement, inséré dans le *National* du 1er décembre dernier, le redressement des calculs contenus dans la réponse qu'y a faite le *Moniteur*, le 7 du même mois, etc.

Article du National.

Voici comment le rédacteur de cet article présente son compte pour établir que, depuis 1814 jusqu'au 8 août 1832 inclus, les opérations de la caisse d'amortissement ont augmenté la dette publique de 34,280,232 fr. de rente, soit de 685,607,640 fr. de capital.

Depuis la fondation de la caisse d'amortissement en 1816, jusqu'au 8 août 1832, l'Etat a vendu 117,404,561 fr. de rente qui ont produit 1,765,140,663 fr.; ce qui établit un prix moyen de 75 fr. 17 c. pour 5 fr. de rente.

44

Dans la même période la caisse d'amortissement a racheté 62,162,537 fr. de rente, qui, au prix moyen de 93 fr. 77 c. ont occasioné une dépense de ci.. 1,165,794,189 fr. 50 c.

A quoi ajoutant les frais de perception......... 284,205,810 fr. 50 c.

La dépense totale se trouve portée à........... 1,450,000,000 fr.

Or, pour obtenir ce capital par des emprunts, on a dû émettre, au taux moyen de 75 fr. 17 c., auquel a été contractée la totalité de ceux émis dans la période de 1816 à 1832, une somme de rente de.... 96,442,919 fr.

La caisse n'en a racheté par l'emploi du même capi-tal que... 62,162,537 fr.

Ainsi, l'Etat a perdu dans cette opération financière 34,280,382 fr. de rente, qui représente un capital de 685,607,640 francs.

Il y a progrès dans les attaques des adversaires de l'amortis-sement, depuis le 1er septembre 1831. En effet, à cette époque, et au dire du même écrivain, ce n'était que de 1,800,000 fr. de rente, ou de 36 millions de capital, que les opérations de la caisse d'amortissement avaient augmenté la dette publique, tandis que le 8 août 1832 ce n'est de rien moins que de 34,280,332 fr. de rente, soit de 685,607,640 fr. de capital, c'est-à-dire d'une somme 19 fois plus forte : gare à un nouvel examen en 1833 !

Quoique ce que j'ai déjà dit, pages 22 à 34, suffise pour mettre le lecteur en état de découvrir le vice radical de l'article qui précède, cependant la publicité qu'il a reçue par son insertion à plusieurs reprises dans un journal aussi répandu que le *National*, et surtout la réponse si insignifiante qu'y a faite le *Moniteur* dans son numéro du 7 décembre 1832, m'obligent à chercher à détruire l'effet de cette nouvelle agression par une réfutation tout-à-fait spéciale.

L'auteur de l'article ci-dessus que, pour abréger le discours, je désignerai dorénavant par l'initiale A, se bornant aujour-d'hui à rechercher si la caisse d'amortissement a jusqu'à pré-sent augmenté ou diminué la dette publique, il suffirait d'op-poser à toute son argumentation le rapprochement suivant, le seul applicable à l'état de la question.

La caisse d'amortissement, ainsi qu'en fait foi le *Moniteur* du 21 juillet dernier, a racheté, depuis 1814 jusqu'au 30 juin 1832, une somme totale de 62,262,537 fr. de rentes de toute nature, représentant un capital nominal de 1,504,144,843 fr., suivant le détail ci-après.

	RENTES.	CAPITAL NOMINAL.
	fr.	fr.
3 p. °/₀...............................	19,332,271	644,409,033
4 p. °/₀...............................	203,572	5,089,300
4 ½ p. °/₀..............................	50,684	1,126,310
5 p. °/₀...............................	42,676,010	853,520,200
Sommes pareilles.................	62,262,537	1,504,144,843
La caisse d'amortissement ayant éteint, au 30 juin 1832, une somme de 62,262,537 fr. de rentes, dont le remboursement au pair aurait coûté 1,504,144,843 fr., a donc diminué d'autant la dette publique. D'un autre côté, si cette caisse n'avait point existé, le gouvernement aurait eu en son pouvoir, à la même époque du 30 juin 1832, les 729,924,010 fr. (*) qu'il lui avait versés jusque là, tant sur le produit de sa dotation que sur celui des bois vendus; et avec cette somme, il aurait pu rembourser 36,496,200 fr. de rente 5 p. °/₀ (**), lesquelles viennent en déduction du remboursement précédent..............	36,496,200	729,924,010
Reste net...........	25,766,337	774,220,833

Partant, il est de la dernière évidence que, par le seul fait de

---

(*) Depuis 1814 jusqu'au 30 juin inclus, la caisse d'amortissement a recouvré en tout et pour tout, 1,164,846,341 fr. 98 c. qui se décomposent comme suit:

Sur sa dotation.... 646,458,671 fr. 00 c. }		
Sur les bois vendus. 83,465,338 98 }....	729,924,009 fr. 98 c.
Sur les arrérages............................	434,922,332 00

Somme égale............................ 1,164,846,341 fr. 98 c.

Il est bien clair que, quoique la caisse d'amortissement ait réellement reçu et employé en rachats de rentes une somme totale de 1,164,846,341 f. 98 c., il n'y a que celle de 729,924,009 fr. 98 c. qui doive figurer ici, attendu que les 434,922,332 fr. provenant d'arrérages, constituent précisément son bénéfice, lequel n'aurait pas pu se trouver au pouvoir du gouvernement en 1832, dans l'hypothèse où cette caisse n'aurait pas existé.

(**) Je suppose que le gouvernement aurait employé les 729,924,009 fr. 98 c. à racheter du 5 p. °/₀, de préférence aux autres espèces de rentes, parce qu'il est de son intérêt de commencer par éteindre la dette dont le service est le plus onéreux à l'Etat.

ses rachats, et toutes compensatious faites d'ailleurs, la caisse d'amortissement a réellement diminué la dette publique, depuis 1814 jusqu'au 30 juin 1832, de 25,766,337 fr. de rentes de toute nature, dont le remboursement au pair aurait coûté 774,220,833 fr.

Voilà certainement des résultats bien positifs et bien palpables, et la question traitée par M. A. réduite à sa plus simple expression; mais il ne se tiendrait pas battu pour cela, et il ne manquerait pas d'objecter que ses calculs sont demeurés sans réfutation. Il faut donc les aborder corps à corps, quelque fastidieuse que soit une pareille tâche.

Et d'abord, observons qu'une comparaison positive ne peut s'établir qu'entre des termes identiques, ou entre des objets de même nature. Ici, au contraire, il y a confusion d'idées et de choses. Tous les calculs pèchent par la base, en ce qu'ils sont déduits d'hypothèses, ou inexactes, ou imaginaires; qu'ils portent la plupart du temps à ·faux; qu'on en fait de fausses applications, et enfin qu'on a violé, pour les établir, un principe fondamental et spécial de l'arithmétique.

Les deux points de départ de M. A sont le prix de négociation, 75 fr. 17 c., de la totalité des 117,404,561 fr. de rente réalisés par l'Etat, de 1814 au 8 août 1832 inclus, d'une part (*), et de l'autre, le prix moyen, 93 fr. 77 c., des 62,162,537 fr. de rente rachetés par la caisse d'amortissement durant la même période (**); et ces deux prix sont faux, parce que M. A. a englobé, pêle-mêle dans ses calculs, des rentes de diverses espèces, et qu'il a violé ainsi le principe mathématique suivant, savoir : *que lorsqu'il s'agit de fonds de diverses espèces, les capitaux répondant à une somme égale de rentes, sont en raison inverse de leurs*

(*) La totalité des emprunts contractés, de 1814 au 8 août 1832 inclus, y compris celui en 4 p. º/o, est de 117,831,408 fr. de rente, qui ont produit 1,771,003,607 fr., et non de 117,404,561 fr. seulement qui, selon M. A., n'auraient produit que 1,765,140,663 francs.

(**) La totalité des rentes rachetées, non pas jusqu'au 8 août 1832, mais jusqu'au 30 juin précédent, est de 62,262,537 fr., au lieu de 62,162,537 fr., et ces rentes n'ont coûté que 1,164,794,189 fr. 50 c., au lieu de 1,165,794,189 fr. 50 c., de sorte que jusqu'a présent il y a défaut de concordance dans les époques, et inexactitudes dans toutes les sommes; inexactitudes légères et peu importantes, il est vrai, mais que nous signalons néanmoins pour la bonne règle, et auxquelles nous n'avons eu, au reste, aucun égard, dans le cours de notre réfutation.

taux respectifs de constitution. Ainsi, 1 fr. de rente en 5 p. %, par exemple, ne représente que 20 fr. de capital, tandis que 1 fr. de rente en 4 p. % représente 25 fr. en principal; 1 fr. en 3 p. %, 33 fr. 33 c., et ainsi de suite.

C'est surtout pour le prix moyen des rachats que la violation de ce principe a entraîné M. A. dans une erreur bien considérable. Car, pour que le prix de 93 fr. 77 c. qu'il indique fût exact, il faudrait que les 62,262,537 fr. de rente, auxquels il s'applique, consistassent uniquement en 5 p. %, et n'exigeassent par conséquent qu'un remboursement de 1,245,250,740 f.; tandis que ces 62,262,537 fr. se composant, suivant le détail porté à la page 45, de rentes 3, 4, 4 ½ et 5 p. %, auraient donné lieu à un remboursement de 1,504,144,843 fr. Le calcul de M. A., au lieu donc de s'appliquer à ce dernier capital, comme cela devrait être, ne s'appliquant au contraire qu'à un capital de 1,245,250,740 fr., c'est-à-dire à un capital de 258,894,103 fr. trop faible, il en résulte que son prix moyen 93 fr. 77 c., est trop fort précisément en proportion de cette différence.

Mais il y a mieux : j'admets pour un moment, et contre toute vérité, que ce prix moyen soit exact; eh bien ! qu'est-ce que cela prouverait contre l'institution de l'amortissement en elle-même ? Rien absolument. Si la caisse d'amortissement rachète la rente à un prix supérieur à celui de son émission (ce qui n'est vrai que pour les 5 p. %) (*), cela dépose seulement contre le système vicieux des emprunts à capitaux fictifs, suivi jusqu'à présent par le gouvernement (**). C'est là un des nombreux inconvéniens inhé-

---

(*) La totalité des emprunts en 5 p. % contractés de 1816 au 30 juin 1832 inclus, s'élève à 107,082,244 fr. de rente, qui ont fait rentrer au trésor une somme de 1,541,003,607 fr., ce qui établit un prix moyen de négociation de 71 fr. 94 c. Or, le prix moyen des rachats de ce fonds, rapporté au 31 décembre 1831, montant à 81 fr. 24 c., il en résulte que ce dernier prix a surpassé le premier de 9 fr. 30 c.

Rapportés à la même époque du 31 décembre 1831, les prix moyens de rachats du 4 et du 3 p. %, émis, le premier à 102 fr. 075, et le second à 75 fr., ne ressortent respectivement qu'à 81 fr. 51 et à 71 fr. 70 c.; de sorte que le prix moyen du rachat du 4 p. % a laissé un bénéfice de 20 fr. 56 ½ centimes par chaque 4 fr. de rente, et celui du 3 p. %, 3 fr. 30 c. par chaque 3 fr. de rente. Or, les trois prix moyens ci-dessus, rapportés au 30 juin 1832, c'est-à-dire à une époque postérieure de six mois, sont à très peu près les mêmes.

(**) L'écrivain que je combats ici est, je crois, loin de partager cette opinion; car, ou je me trompe fort, ou c'est bien lui qui, vers la fin du

rens à ce mode d'emprunts, et qui disparaîtrait avec le mode d'emprunts à capitaux fixes ; mais l'utilité de l'amortissement, quoique relativement moindre dans la première hypothèse que dans la seconde, n'en est pas moins réelle pour cela ; et son action, toujours efficace, tant que les rachats ont lieu au-dessous du pair, ne cesse d'être telle que lorsqu'ils s'opèrent à un prix qui dépasse 100 fr. Par conséquent, le gouvernement eût-il la certitude absolue de ne racheter un emprunt qu'à un prix supérieur à celui de son émission, il n'en devrait pas moins, pour cela, travailler à son amortissement, comme je le prouverai un peu plus tard, pour ne pas interrompre le fil des idées.

J'arrive actuellement à l'erreur capitale de M. A., celle qui consiste en ce qu'il met à la charge de la caisse d'amortissement une somme totale de 1,450,000,000 fr., laquelle se compose, selon lui, comme suit :

1,165,794,189 fr. 50 c., montant des rachats de cette caisse;

284,205,810 fr. 50 c. p. frais de perception sur cette somme.

Et d'abord, cette première somme de 1,165,794,189 fr. 50 c. doit être réduite de 434,922,332 fr., montant des arrérages que ladite caisse a perçus depuis 1814 jusqu'au 30 juin 1832, lesquels, au lieu de constituer une perte, constituent au contraire un bénéfice, comme cela est bien facile à prouver.

En effet, ces mêmes 434,922,332 fr. que l'Etat s'est payés à lui-même, pour intérêts des rentes dont il est devenu propriétaire, et qu'il peut annuler quand bon lui semblera, il aurait bien fallu les payer aux particuliers entre les mains de qui elles se trouveraient encore aujourd'hui, si la caisse d'amortissement n'avait point existé. Cette somme de 1,165,794,189 fr. 50 c. doit donc être réduite d'abord à 730,871,857 fr. 50 c., montant des recettes qu'elle a effectuées de 1814 au 30 juin 1832, tant sur le produit de sa dotation que sur celui de la vente des

mois de juin dernier, a publié dans le *National* et dans le *Temps* divers articles dans lesquels il soutenait que M. le baron Louis devait conclure l'emprunt projeté à cette époque, en rentes 3 p.°/₀, plutôt qu'en rentes 5 p.°/₀, sous peine de constituer le trésor en une perte considérable. C'est précisément là une de ces erreurs communes à tous ceux qui n'approfondissent pas la matière, et que j'ai pleinement réfutée dans le chapitre III de l'ouvrage que je ferai paraître vers le milieu du mois de mars prochain, et dont on trouvera la table des matières à la fin du présent opuscule.

bois (*) ; et l'opération de M. A. revient ici à porter au débit de la caisse d'amortissement une somme de 434,922,332 fr. qui doit figurer à son crédit, et partant son erreur est, en définitive, du double de cette somme, c'est-à-dire de 869,844,664 fr.

Quant à la somme de 284,205,810 fr. 50 c. à laquelle M. A. évalue les frais de perception, et qu'il met à la charge de la caisse d'amortissement, elle doit totalement disparaître, attendu que, quelle que soit la forme sous laquelle un gouvernement contracte une dette, il doit toujours finir par la rembourser, et par conséquent par en demander le montant à l'impôt. Ces frais de perception ne sont donc qu'un à-compte par anticipation sur l'avenir, et c'est pour cette raison que je n'ai porté aucune dépense de ce genre dans le compte que j'ai établi des opérations de la caisse d'amortissement, pages 23 à 26.

Au surplus, cette somme de 284,205,810 fr. 50 c. est entachée de deux erreurs. La première prend sa source dans la même confusion que nous venons de signaler un peu plus haut, et consiste en ce que ces frais de perception portent mal à propos sur les 434,922,332 fr. d'arrérages perçus par la caisse d'amortissement, et qu'il aurait fallu également demander à l'impôt, lors même que cette caisse n'aurait pas existé ; de sorte qu'elle ne pourrait, dans aucun cas, être passible des frais de perception afférens à cette portion de ses recettes.

La seconde erreur consiste en ce que M. A. a évalué ces frais de perception sur le pied de 24 p. %, tandis que le terme moyen de ces frais pour l'ensemble de l'impôt ne monte qu'à environ moitié, c'est-à-dire à 12 p. %. Si donc il y avait lieu à mentionner une semblable dépense, elle n'aurait dû être calculée que sur les 729,924,009 fr. 98 c. que cette caisse a reçus, tant sur le produit de sa dotation que sur celui des bois vendus, ce qui, à raison de 12 p. %, aurait donné 87,590,881 fr. 20 c. au lieu de 284,205,810 fr. 50 c.

Ainsi la somme de 1,450,000,000 fr. que M. A. met à la charge

---

(*) La caisse d'amortissement n'avait reçu, au 30 juin 1832, tant sur sa dotation que sur le produit des bois vendus, que 729,924,009 fr. 98 c., suivant le détail porté dans la note de la page 45. La différence 947,847 fr. 52 c. existant entre cette somme de 729,924,009 fr. 98 c. et celle de 730,871,857 fr. 50 c. portée ci-dessus, provient de ce que M. A. a enflé d'un million le coût des rentes rachetées, et d'un solde de 52,152 fr. 48 c., dont la caisse d'amortissement demeurait reliquataire au 30 juin 1832.

de l'amortissement, renferme une 1⁰ erreur de 434,922,332 fr. qui, par la raison que nous en avons donnée un peu plus haut, équivaut au double de cette somme, ou à 869,844,664 fr. 00 c.

Elle renferme en outre, pour fausse imputation, une erreur de. 284,205,810 50

Donc erreur totale. . . . . .1,154,050,474 fr. 50 c.

M. A. termine ensuite son article par un rapprochement absolument étranger à la question, et tout-à-fait vide de sens. Il prétend que *pour obtenir un capital de 1,450.000,000 fr. on a dû émettre, au taux moyen de 75 fr. 17 c. auquel a été contractée la totalité des emprunts émis dans la période de 1816 à 1832, une somme de rente de 96,442,919 francs.*

Que signifie une supposition aussi dénuée de fondement, sans analogie aucune avec des faits accomplis ou susceptibles de se réaliser, et qui prend évidemment sa source dans une idée fixe qui poursuit l'auteur depuis si long-temps?

Pour se procurer les capitaux dont il a eu besoin, le gouvernement a, jusqu'à présent, créé des rentes qu'il n'aurait nécessairement négociées qu'à un prix plus défavorable, si la caisse d'amortissement n'était venue en aide du crédit public. Pour obtenir un capital égal, il aurait donc fallu émettre une quantité de rentes plus considérable, si cette caisse n'avait point existé. Voilà qui est tout-à-fait évident pour quiconque a les plus simples notions du crédit public.

C'est donc avec des suppositions tout-à-fait dénuées de fondement que M. A. arrive à cette conclusion fausse de tout point : *que les opérations de la caisse d'amortissement ont causé à l'Etat une perte de 685,607,640 fr. en principal.* Or ces opérations ayant procuré au contraire un bénéfice de 774,220,833 fr., comme nous l'avons établi page 45, il en résulte que l'erreur de M. A. est, en définitive, de 1,459,828,473 francs. J'ai déjà justifié l'existence de cette erreur jusqu'à concurrence d'une somme de 1,154,050,474 fr. 50 c.; quant à la différence 305,777,998 fr. 50 c., elle provient de la supposition tout-à-fait gratuite que je viens de relever un peu plus haut, et de sa combinaison avec des prix moyens qui sont faux.

Puisqu'il a plu à M. A. d'ériger en question ce qui n'en est pas une : *si la caisse d'amortissement avait augmenté ou diminué la dette publique à l'époque du 30 juin 1832, il aurait bien dû* s'apercevoir que, pour résoudre ce prétendu problème, il suffit de relever et de comparer entre eux les résultats généraux exprimés en deux lignes, dans le compte de situation de cette caisse, publié dans le *Moniteur* du 21 juillet 1832. Il y aurait vu qu'elle avait éteint, le 30 juin précédent, une somme de 62,262,537 fr. de rentes de toute nature, dont le remboursement au pair aurait coûté 1,504,144,843 fr., et qu'ayant opéré cette extinction avec 729,924,010 fr., elle avait par conséquent diminué le capital de la dette publique de la différence 774,220,833 fr. existante entre ces deux dernières sommes; et c'est précisément ce que nous avons commencé par établir à la page 45, avec un peu plus de développement seulement.

Et pour s'arrêter à un résultat aussi modéré, il faut encore passer sous silence, comme l'a fait M. A., les considérations que nous avons exposées pages 24 et 25, telles par exemple que le surplus des rentes qu'il aurait fallu émettre, si la caisse d'amortissement n'avait pas existé, et le surplus de celles que cette caisse aurait rachetées, si la loi du 1er mai 1825 n'avait pas suspendu, pendant cinq ans de suite, la marche des intérêts composés.

De la réponse du Moniteur à l'article précédent, publiée dans son numéro du 7 décembre dernier.

On peut juger tout d'abord combien l'auteur de cette réponse se fourvoiera, par le principe erroné qu'il pose dès le début, savoir: *que les questions de finances ne s'éclaircissent pas toujours par des chiffres.* Il n'y a, au contraire, que les chiffres, et rien que les chiffres, qui puissent éclaircir ces sortes de questions.

Le milliard perdu et retrouvé, dont on a fait tant de bruit dans le temps, les résultats diamétralement opposés auxquels aboutissent si souvent deux auteurs différens, en traitant le même problème, et tant d'autres contradictions du même genre, ne prouvent absolument rien contre cette vérité; et si quelquefois les chiffres paraissent dire tout ce qu'on veut, c'est ou lorsqu'ils sont déduits de données inexactes, ou lorsqu'ils servent à établir de prétendus rapports entre des termes sans identité entre eux, ou bien encore lorsqu'on a violé, dans leur composition, quelque principe mathématique.

Dans la première hypothèse, ce n'est point des calculs sou-

4.

vent justes en eux-mêmes qu'il faut attaquer, mais le point de départ erroné dont on les fait découler, qu'il faut saper, parce que dès-lors tout l'appareil des chiffres et tout l'échafaudage des raisonnemens s'écroulent en même temps. Dans les deux autres hypothèses, c'est l'art même du calcul qui doit nous fournir notre réfutation. Prétendre donc que les chiffres n'éclaircissent pas toujours les questions financières, ou bien qu'ils sont un instrument docile toujours prêt à trahir sa destination naturelle, c'est prêter gratuitement à la science une imperfection qui ne provient que de notre défaut de sagacité.

Voici comment, après une défense fort incomplète de l'amortissement, le champion de cette institution termine sa réponse :

« Le compte établi dans l'article du *National* doit donc, pour » arriver à un résultat vrai, être rectifié ainsi :

» Le remboursement au pair des 62,162,537 fr. de rentes » rachetées par la caisse d'amortissement, aurait coûté au » trésor la somme de . . . . 1,243,250,740 fr.

» La caisse n'a dépensé que. 1,165,794,189

Partant, économie par l'amortissement substitué au remboursement. . . . . 77,456,551 fr.

D'abord, le correspondant du *Moniteur* n'a aperçu ni l'inexactitude des deux prix moyens, 75 fr. 17 c. et 93 fr. 77 c., indiqués par M. A., inexactitude dont j'ai signalé la cause pages 46 et 47, ni les inexactitudes d'un autre genre que j'ai relevées dans les notes de ces mêmes pages ; mais, ce qui est bien autrement important, c'est qu'il a partagé les deux principales erreurs de l'adversaire qu'il combat :

La première, c'est d'avoir supposé, comme lui, que la totalité des rentes rachetées n'aurait exigé qu'un remboursement de 1,243,250,740 fr., au lieu de 1,504,144,843 fr.; donc erreur de. . . . . 260,894,103 fr.

La seconde, c'est d'avoir confondu, avec M. A., dans la somme de 1,165,794,189 fr., qui exprime le montant des rachats de la caisse d'amortissement, les 434,922,332 fr. d'arrérages qui ne doivent point figurer dans cette dépense; donc nouvelle erreur de. 434,922,332

Ce qui donne une erreur totale de . . . . . 695,816,435 fr.

Ainsi, c'est à travers cette suite de réticences et d'erreurs que

53

l'auteur de la réponse ci-dessus arrive à cette fausse conclusion, que la *substitution de l'amortissement au remboursement n'a procuré au trésor qu'une économie de* 77,456,551 fr., au lieu de 774,220,833 fr.; et par conséquent il commet à son tour une erreur définitive de 696,764,282 fr., différence entre les deux premières sommes. Il est bien étrange qu'en voulant rectifier les erreurs de son adversaire, on s'associe, comme l'a fait le *Moniteur*, à la plupart des siennes.

Le *Moniteur* a partagé aussi la réticence de M. A., touchant les autres considérations qui militent en faveur de l'utilité de la caisse d'amortissement; je veux parler du surplus des rentes qu'il aurait fallu émettre, si, par son existence, elle n'avait pas contribué à diminuer le discrédit public, et le surplus de celles qu'on aurait rachetées, si la loi du 1er mai 1825 n'avait pas suspendu la marche des intérêts composés pendant cinq ans consécutifs.

Qu'un article aussi défectueux eût paru sous le ministère de M. le baron Louis, je le conçois, parce que, quoique celui-ci ait tenu le porte-feuille des finances à quatre ou cinq reprises différentes, il n'en a pas acquis pour cela des idées plus justes sur la théorie des emprunts et de l'amortissement. Mais que son successeur, M. Humann, qui depuis si long-temps a fait preuve de capacité en matière de finances, ait donné son approbation, tout au moins tacite, à la rédaction d'un pareil article, en en permettant la publication dans le journal officiel, c'est ce qui me paraît incompréhensible.

Aussi, tant que l'amortissement n'aura pas de meilleurs défenseurs que le correspondant du *Moniteur*, les adversaires de cette institution peuvent divaguer tout à leur aise sur les prétendues pertes qu'elle occasione tous les jours au trésor; ils peuvent, entassant grief sur grief, dresser un acte d'accusation bien fulminant contre cette pauvre caisse d'amortissement (cette *vieille douairière si richement dotée*, selon l'expression de M. Dupin aîné), et requérir sa suppression complète, en réparation de ses longs et nombreux méfaits; ils sont bien sûrs d'avance d'obtenir une sentence conforme à leurs désirs. Et s'il était vrai que, depuis 1814 jusqu'au 30 juin 1832, la caisse d'amortissement n'eût réellement procuré au trésor qu'une misérable économie de 77 millions, j'avoue franchement que je serais le premier à en réclamer l'abolition, parce qu'alors le remède serait pire que le mal. C'est bien le cas d'appliquer à cette prétendue défense de l'amortissement par le *Moniteur*, et avec un léger changement seulement, cet adage si connu : *Mieux vaut un ennemi qu'un maladroit ami.*

De la nécessité d'amortir, lors même que l'État devrait racheter un emprunt à un prix supérieur à celui de son émission.

J'ai promis, page 48, de prouver que le gouvernement devrait toujours amortir, alors même qu'il aurait la certitude de ne racheter un emprunt qu'à un prix supérieur à celui de son émission.

D'abord je répète que cet inconvénient n'existerait pas si, au lieu de gratifier les prêteurs d'une augmentation de capital plus ou moins considérable, on ne leur en accordait aucune, sauf à les faire jouir, en dédommagement, d'un intérêt un peu plus élevé. Mais enfin ce point des emprunts fictifs une fois admis, il faut amortir, et je vais le prouver.

Supposons donc que le gouvernement ait besoin de se procurer un capital de 85 millions; que, persistant toujours dans son système vicieux d'emprunts à capitaux fictifs, il veuille négocier ledit emprunt en rentes 5 p. %, dont on ne lui offre que le prix de 85 fr. (ce qui l'obligerait à livrer 5 millions de rentes aux prêteurs, au capital nominal de 100 millions); et supposons enfin qu'il ait la certitude absolue de ne pouvoir racheter qu'au pair, pendant toute la durée de la dette.

Assurément, les partisans conditionnels de l'amortissement ne manqueront pas de s'écrier dans cette occasion : *qu'il ne faut point amortir cet emprunt, qu'il est absurde de racheter à 100 fr. la même rente qu'on n'a vendue qu'à 85 fr.; que c'est vouloir causer une perte énorme au trésor,* etc.; perte qu'ils évalueront à la manière de M. A.

Eh bien! actuellement examinons successivement les diverses conséquences des trois hypothèses suivantes, savoir :

Celle où l'on n'amortirait pas du tout,

Celle où l'on amortirait au pair,

Et enfin, celle où l'on amortirait à 85 francs.

Si, pour complaire aux partisans conditionnels de l'amortissement, on n'amortit pas du tout, on est réduit nécessairement à cette alternative: ou à servir perpétuellement une rente annuelle de 5 millions, ou bien à éteindre cet emprunt par la voie ordinaire du remboursement; et de quelque manière que s'opère ce remboursement, il en coûtera toujours 100 millobs, montant intégral du capital constitué.

Si, au contraire, on affecte à l'extinction de cet emprunt une dotation annuelle de 1 p. %, soit d'un million, et que l'on rachète au pair, l'Etat sera libéré en 36 ans, et il n'en aura coûté que 36 millions en tout.

Enfin, si l'on rachète cet emprunt à 85 fr., prix auquel les partisans conditionnels de l'amortissement permettent qu'on amortisse, il ne faudra que 30 ans 7 mois et 12 jours pour se libérer, et il n'en coûtera alors que 30,600,000 fr., c'est-à-dire 5,400,000 fr. de plus qu'avec rachats au pair.

Cela posé, je le demande à l'homme doué du plus simple bon sens : *lequel des deux est le plus déraisonnable, le plus absurde, ou de se condamner, comme dans la première hypothèse, soit à servir à tout jamais une rente de 5 millions, soit à dépenser 100 millions pour en opérer le remboursement, ou bien de s'affranchir de cette même dette, moyennant un sacrifice de 36 millions répartis sur 36 ans?* Certes, la réponse, je crois, s'indique d'elle-même.

Autre inconséquence de la part des adversaires conditionnels de l'amortissement : si l'on peut amortir à 85 fr., au lieu de 100 fr., ils consentent à ce que l'on amortisse, parce que, dans le premier cas, il en coûtera 5,400,000 fr. de moins que dans le second; c'est donc en définitive pour éviter une dépense de 5,400,000 fr., qu'ils optent pour l'alternative résultant de la première des trois hypothèses que je viens d'exposer un peu plus haut; alternative qui consiste *à servir à tout jamais une rente de 5 millions, ou bien à dépenser 100 millions pour en opérer le remboursement.*

Que si ces mêmes partisans conditionnels de l'amortissement répétaient à cette occasion ce qu'ils ont avancé si souvent, savoir *que, dans l'état actuel de la question, il est préférable de suppléer à l'emprunt, en remettant en circulation 5 millions de rentes déjà rachetées, sous le prétexte qu'il vaut mieux s'emprunter à soi-même qu'emprunter aux autres ;* je leur répondrai que c'est encore là une de ces erreurs si communes à ceux qui n'approfondissent pas la matière, et que j'ai pleinement réfutées dans le chapitre V de la 3ᵉ partie de l'ouvrage dont j'ai annoncé la prochaine publication dans ma préface, et dont je donne ci-après la table des matières.

FIN.

TABLE DES MATIÈRES

CONTENUES DANS L'OUVRAGE

DONT LA PROCHAINE PUBLICATION EST ANNONCÉE DANS
l'Avertissement qui précède le présent OPUSCULE.

SECONDE PARTIE.

Du meilleur mode d'amortissement, des vrais principes qui doivent le régir; examen analytique et critique du projet de loi
sur l'amortissement adopté par les deux Chambres, au commencement de 1831, et abandonné depuis par le ministère.

TROISIÈME PARTIE.

Du meilleur système d'emprunts publics ; du vice de ceux dits
à *capitaux fictifs* ; du désavantage de remettre en circulation
les rentes rachetées par l'amortissement, pour suppléer à de
nouveaux emprunts ; des vices de la création de 3 p. °/₀, etc.

CHAPITRE PRÉLIMINAIRE.

Du crédit public. . . . .

CHAPITRE Ier.

Examen comparatif des trois modes d'emprunts publics consti-
tués sous la forme d'*annuités,* de rentes *viagères* et de rentes *per-*
pétuelles, d'où ressort la supériorité de ce dernier système sur
les deux autres. . . . .

CHAPITRE II.

Explication des deux différentes manières de fonder les rentes
perpétuelles, désignées sous la dénomination d'emprunts à
capitaux fictifs, et d'emprunts à *capitaux fixes.* . . . .

CHAPITRE III.

Contenant un parallèle entre ces deux derniers modes d'emprunts, et la réfutation des faux principes émis à ce sujet à la
Chambre des députés. . . . .
Aperçu du dommage que l'emprunt de 30 millions de rentes
en 5 p. °/₀, conclu en 1817, a déjà causé au trésor, et que l'on
aurait pu éviter si, au lieu d'accorder aux prêteurs un accrois-
sement de 42 fr. 49 c. par chaque 5 fr. de rente, on eût négocié
ce même emprunt au pair en rentes 12 p. °/₀. . . . . . .
Aperçu du dommage causé au trésor par le système d'emprunts
à capitaux fictifs, suivi par le gouvernement de 1816 à 1823
inclusivement. . . . .
Du dommage qui doit résulter en définitive pour le trésor de ce
que l'emprunt de 120 millions, adjugé le 19 avril 1831, a été
constitué en rentes 5 p. °/₀ et négocié à 84 fr., plutôt qu'en
rentes 7, 8 ou 9 p. °/₀ au pair. . . . .
Réfutation du faux principe émis par M. Humann, à la Chambre des députés, le 22 novembre 1830, touchant la préférence
éventuelle à donner au mode d'emprunts à capitaux fictifs.
Réfutation de l'erreur analogue mise en avant par M. Laffitte,
dans son exposé des motifs, à la Chambre des députés, sur
son projet de loi relatif à l'amortissement. . . . .